QUE SAIS-JE ?

Psychologie de l'éducation

GASTON MIALARET
Professeur honoraire de l'Université de Caen

DU MÊME AUTEUR

Éducation nouvelle et monde moderne (en coll.), Paris, PUF, 1966, 3e éd., 1976 (trad. espagnole, italienne, portugaise).

Étude sur la sélection et la formation des professeurs de mathématiques, Paris, CNRS, 1959.

Histoire mondiale de l'éducation (en coll. J. Vial et divers), Paris, PUF, 4 t., 1981.

Introduction à la pédagogie, Paris, PUF, 1964, 7e éd., 1990 (trad. espagnole, polonaise, italienne, arabe, roumaine, portugaise, tchèque, grecque).

Introduction aux sciences de l'éducation, Lausanne, Delachaux & Niestlé, Unesco, 1985, 110 p. (trad. anglaise).

L'apprentissage des mathématiques Bruxelles, Ch. Dessart, 1967, 240 p. (trad. italienne, espagnole, portugaise).

L'apprentissage de la lecture, Paris, PUF, 1966, 3e éd., 1975, 133 p. (trad. espagnole, italienne, portugaise).

L'éducateur et la méthode des tests Paris, Éd. Scarabée, 1953, 136 p. (trad. turque).

L'éducation préscolaire dans le monde, Unesco, *Études et documents de l'éducation,* n° 19, 1976 (trad. espagnole, anglaise, polonaise, portugaise).

La formation des enseignants, Paris, PUF, coll. « Que sais-je ? », n° 1703, 1977, 4e éd., 1996 (trad. espagnole, italienne, portugaise, arabe).

La pédagogie expérimentale Paris, PUF, coll. « Que sais-je ? », n° 2155, 1984, 3e éd., 1996 (trad. italienne, grecque, espagnole).

La psychopédagogie, Paris, PUF, coll. « Que sais-je ? », n° 2357, 1987, 4e éd., 1998, 128 p. (trad. italienne, portugaise).

Le droit de l'enfant à l'éducation, Paris, Unesco, 1979, 266 p. (trad. espagnole, anglaise, portugaise).

Le Plan Langevin-Wallon, Paris, PUF, coll. « Pédagogues et pédagogies », 1997, 128 p.

Lexique : Éducation, Paris, PUF, 1981, 167 p.

Les sciences de l'éducation, Paris, PUF, coll. « Que sais-je ? », n° 1645, 1976, 7e éd., 1996 (trad. portugaise, espagnole, japonaise, italienne, arabe, hongroise).

Nouvelle pédagogie scientifique, Paris, PUF, 1954, 123 p. (trad. espagnole, italienne, portugaise).

Pédagogie des débuts du calcul, Paris, Nathan, 1953 (trad. espagnole).

Pédagogie générale, Paris, PUF, coll. « Fondamental », 1991, 600 p.

Psychopédagogie des moyens audiovisuels dans l'enseignement du premier degré, Paris, UNESCO/PUF, 1964, 232 p. (trad. anglaise, espagnole, italienne).

Recherches préliminaires à la pédagogie du calcul à l'école primaire, Delachaux & Niestlé, coll. « *Cahiers de pédagogie expérimentale et de psychologie de l'enfant* », n° 9, 1953, 38 p. (trad. italienne).

Statistiques appliquées aux sciences humaines, Paris, PUF, coll. « Fondamental », 1991, 412 p.

Statistiques, Paris, PUF, coll. « Premier cycle », 1996, 222 p.

Test CGM 62. Pour apprécier le niveau des connaissances en langue française, Paris, Didier, 1962, 75 p.

Traité des sciences pédagogiques (en coll.) (8 t.), Paris, PUF, 1969 (trad. espagnole, italienne, portugaise, japonaise, grecque, arabe).

Vocabulaire de l'éducation et des sciences de l'éducation (en coll.), Paris, PUF, 1979, 457 p. (trad. espagnole).

ISBN 2 13 049973 2

Dépôt légal — 1re édition : 1999, août

108, boulevard Saint-Germain, 75006 Paris

Chapitre I

ESSAI DE DÉFINITION

Les confusions à éviter

L'éducation est un très vaste domaine aux nombreuses facettes ; tout le monde en parle – sans toujours beaucoup de pertinence – et les confusions dans le langage sont nombreuses. Voulant parler de *Psychologie de l'éducation,* on utilise des termes ou expressions tels que *psychopédagogie, psychologie scolaire, psychologie appliquée à l'éducation, psychologie de l'enfant, psychologie de l'école ou la psychologie à l'école, la psychologie de l'écolier...* On pourrait allonger la liste. Cette imprécision dans le langage – et cette confusion entre des disciplines ou activités non exactement superposables – traduit bien le fait que les interlocuteurs ont une idée floue du concept de *psychologie de l'éducation.* L'objet de ce livre est, tout d'abord, de définir ce que nous entendons exactement par *psychologie de l'éducation* et d'indiquer sommairement les principaux domaines de cette discipline. Examinons rapidement, tout d'abord, à quoi correspond une des expressions rappelées ci-dessus.

Psychologie appliquée à l'éducation. — On peut dire, sans crainte de se tromper, que tout chapitre de psychologie peut être, d'une façon ou d'une autre, mis en relation avec une question d'éducation. Analyser les perceptions visuelles ou auditives, par exemple, permet à l'éducateur de mieux comprendre ce qui se passe quand un jeune élève regarde au tableau ou écoute le maître. Étudier la motricité, c'est expliquer les problèmes de l'apprentissage de l'écriture, de certains aspects de l'éducation physique, de la musique... Les anciens programmes des écoles normales contenaient une partie intitulée *Psychologie appliquée à l'éducation,* et l'on ne pouvait pas finir un cours de psychologie sans voir apparaître les inévitables « applications pédagogiques ». De grands psychologues n'ont pas évité cette façon de voir ; les *Causeries pédagogiques* de William James, et quel que soit leur intérêt au point de vue éducatif, ne sont constituées que par une suite de chapitres de psychologie tournés vers l'exploitation pédagogique que l'on peut en faire. Donc, à y regarder de près, il s'agit davantage de ce que l'on pourrait mettre sous le titre : *Psychologie et éducation* que de *Psychologie de l'éducation* au sens plus précis que nous allons donner à cette expression[1]. Tous les domaines de la psychologie, de la psychologie sociale, de la psychophysiologie... pourraient entrer dans un domaine aussi vaste que celui qui serait délimité par des frontières aussi vagues que celles qu'indique l'expression : *psychologie et éducation.* En fait, la *psychologie de l'éducation* n'aurait plus de limites et perdrait de sa spécificité. Dans la définition restrictive que nous allons donner de la psychologie de l'éducation, nous ne considérerons pas toutes les applications possibles de la psychologie à l'éducation comme faisant partie de la psychologie de l'éducation, tout en faisant remarquer qu'une très large culture psychologique est, à notre sens, indispensable au psychologue de l'éducation. Les connaissances psychologiques aident l'éducateur à rechercher les méthodes qui conviennent le mieux à l'âge de l'enfant, par exemple, et à éviter ainsi de provoquer des échecs dans l'apprentissage.

1. Titre d'un des chapitres du livre *Les chemins du nombre :* « Le nombre et sa genèse avant l'école primaire. *Comment s'en inspirer pour enseigner les mathématiques* » (c'est nous qui soulignons).

Définition de la psychologie de l'éducation

Il nous paraît nécessaire de partir de la définition générale d'une situation d'éducation[1]

Schéma général d'une situation d'éducation

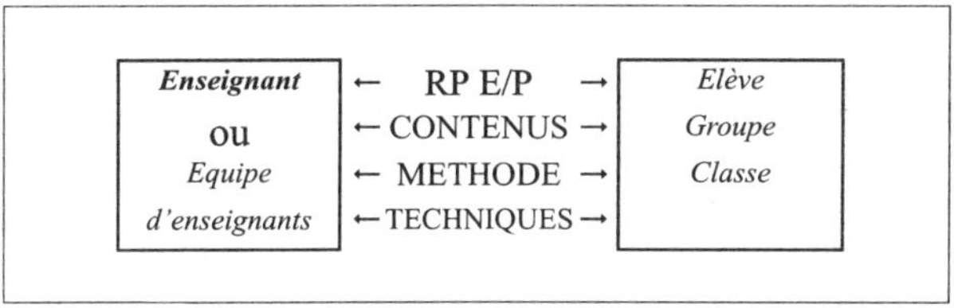

RP/EP = relations psychologiques entre le/s professeur/s et les élèves (dans les deux sens).

1 / L'existence, le fonctionnement, le déroulement, les effets de toute situation d'éducation sur les différents partenaires qui y participent peuvent être appréhendés dans plusieurs perspectives : philosophique, historique, ethnologique, physiologique, sociologique, pédagogique... et, évidemment, psychologique.

2 / Il faut, en effet, considérer pour toute situation d'éducation :

— le cadre, l'environnement de la situation, les conditions matérielles d'existence des sujets : local, surface disponible par élève, éclairage, aération... et leurs conséquences sur la fatigue, l'attention, le type de relations entre les partenaires ;
— le niveau d'évolution, l'ensemble de connaissances, la structuration de l'appareil psychique (aussi bien de type cognitif que de type affectif ou social) des sujets qui vont y participer. Ce que nos collègues québécois ont quelquefois appelé les « prérequis » ;

1. Pour plus de détails consulter : G. Mialaret, *Les sciences de l'éducation.*

— le fonctionnement et le déroulement de la situation d'éducation qui peuvent être analysés sous l'angle psychologique :

– en fonction des partenaires en présence (enseignant/s, élève/s), des partenaires invisibles mais pourtant importants : parents, administrateurs,

– en fonction des types d'action éducative exercée (exposé, contrôle, révision, réflexion, applications.., enseignement magistral, documents écrits, audiovisuels). C'est ici que l'on rencontre la question des méthodes et des techniques en pédagogie,

– en fonction des contenus de l'action éducative[1],

– en fonction des finalités de l'action éducative voulues par l'acteur principal. Celle-ci perçue ou non (et comment) par les « sujets » soumis à l'action éducative,

– en fonction des différentes étapes de la chaîne de communication : émission, transmission, réception, compréhension et interprétation, utilisation (transferts, applications...).

— les effets psychologiques de l'action éducative à court, moyen et long terme.

3 / Il faudra aussi considérer non seulement les aspects individuels, mais encore les effets du groupe-classe ; une psychologie de l'éducation ne peut pas être uniquement une psychologie individuelle.

4 / *Le domaine de la* Psychologie de l'éducation *est donc constitué par l'ensemble des données qui résultent des analyses, des observations, des études scientifiques, des expérimentations ayant pour objet d'étudier, sous l'angle psychologique, tous les aspects des situations d'éducation ainsi que les relations qui existent entre ces situations et les différents facteurs qui les déterminent.*

1. Un très bel exemple d'analyse de psychologie de l'éducation nous est donné par l'analyse de la construction de la notion de nombre par un jeune enfant, Julien. On retrouvera ce travail dans le chapitre consacré aux didactiques (voir « Les chemins du nombre », chapitre de Bressiaud).

Cela correspond à la prise en considération :

— de l'ensemble de toutes les fonctions psychologiques requises pour pouvoir exercer, recevoir l'action éducative ou participer à celle-ci ;
— de toutes les réactions psychologiques observables au cours de l'action éducative (actions individuelles et actions de groupe ou action collective) de tous les partenaires de la situation : éducateur/s et éduqués ;
— des effets psychologiques de la situation d'éducation : action de la situation elle-même, action explicite de l'enseignant ou de l'éducateur, action des autres partenaires (autres élèves par exemple).

Il est bien évident que le psychologue de l'éducation n'ignorera pas les travaux faits dans d'autres domaines de la psychologie, ne serait-ce que pour mieux découvrir et mieux comprendre certains phénomènes encore relativement obscurs des situations d'éducation, mais son domaine est essentiellement constitué par l'analyse psychologique de toutes les facettes de la réalité éducative.

5 / *Les méthodes de la psychologie de l'éducation* sont celles de la psychologie et, en général, de toutes les sciences humaines.

6 / *Les extensions de la psychologie de l'éducation* : Comme nous l'avons déjà indiqué (voir *op. cit.,* ci-dessus), le mot « ÉDUCATION » est très polysémique ; quand on parle d'éducation on se réfère :

— soit à l'institution éducative ;
— soit à ses contenus, programmes ;
— soit aux méthodes et techniques qu'elle utilise ;
— soit à un certain type d'action d'un individu ou d'un groupe sur un autre individu ou sur un autre groupe ;
— soit aux résultats et aux effets de l'action éducative.

La définition proposée ci-dessus s'applique à toutes ces significations : les méthodes seront différentes selon le point de vue, mais l'attitude restera la même : l'analyse psychologique des processus éducatifs. Le chapitre II essayera de montrer en quoi tel ou tel système éducatif (sa structure, ses lois de fonctionnement...) induit une série de processus, d'attitudes, d'habitudes psychologiques chez les sujets qui y sont soumis (dans le cas de la scolarité obligatoire). L'action éducative étudiée dans ses composantes psychologiques fera l'objet du chapitre III. L'analyse psychologique des méthodes et techniques pédagogiques sera faite au chapitre IV. Le chapitre V sera consacré aux aspects psychologiques des didactiques (contenus, programmes). Les effets à courte, moyenne, longue échéance, les problèmes des différents types d'évaluation feront l'objet du chapitre VI.

Quelques précisions

Il nous reste à préciser quelques points qui différencient les expressions que nous avons rappelées ci-dessus de la *psychologie de l'éducation* telle que nous venons de la définir.

La psychopédagogie constitue un des versants de l'action éducative ; c'est, comme nous l'avons défini[1], une action éducative, pédagogique qui se réfère à la psychologie de l'éducation. Elle est du domaine de l'action, du jugement de valeur ; elle s'exerce en relation avec un système de finalités imposé par l'institution ou choisi librement par l'enseignant. La *psychologie de l'éducation* est du domaine du jugement de réalité ; elle ne juge pas : elle constate ou essaye de comprendre et d'expliquer ce qui se passe au sein de la situation d'éducation. Les résultats

1. Voir G. Mialaret, *La psychopédagogie.*

qu'elle obtient, les faits qu'elle établit, les lois qu'elle met en évidence peuvent être utilisés de façon différentes par les éducateurs qui ont le choix et la responsabilité des moyens et des contenus pour exercer leur action éducative. Les mêmes résultats peuvent être invoqués par des méthodes et techniques pédagogiques différentes, et, inversement, des méthodes pédagogiques différentes peuvent se référer aux mêmes résultats de la psychologie de l'éducation. Les relations entre la psychopédagogie et la psychologie de l'éducation résultent du fait que le psychopédagogue doit connaître les résultats de la psychologie de l'éducation pour pouvoir fonder son action éducative sur eux, et que le psychologue de l'éducation doit connaître les situations d'éducation pour pouvoir considérer leurs composantes comme des variables scientifiques de l'analyse. Mais les attitudes des uns et des autres sont essentiellement différentes : les uns sont tournés vers l'action, les autres vers l'analyse et l'explication.

La psychologie scolaire[1] est la psychologie de l'éducation en action au sein d'un processus éducatif donné : la classe ou l'établissement scolaire. Les missions des psychologues scolaires ont été définies par la circulaire ministérielle du 10 avril 1990 ; nous les résumons ainsi en ne prenant que les titres des différents paragraphes :

— agir en faveur des enfants en difficulté ;
— pratiquer les examens cliniques et psychométriques ;
— assurer le « suivi » psychologique ;
— participer à l'organisation, au fonctionnement et à la vie des écoles ;
— assurer des activités d'étude et de formation.

1. Voir G. Mialaret, *Pédagogie générale,* chap. C6, § 4.

La psychologie scolaire apparaît donc bien comme étant à cheval sur la psychopédagogie et sur la psychologie de l'éducation : dans ses actions elle relève de la première, dans ses études et recherches elle appartient à la seconde.

La psychologie de l'enfant étudie les lois générales de l'évolution de l'enfant, les structures successives de sa pensée et de sa personnalité. Tout en tenant compte des conditions d'existence du sujet (famille, école, groupes divers...), elle cherche à établir des faits et à énoncer des lois qui présentent une certaine généralité. Il est vrai que lorsque les conditions d'existence sont strictement ramenées aux conditions pédagogiques, c'est-à-dire aux situations d'éducation, la psychologie de l'enfant devient alors, dans cette situation précise, psychologie de l'éducation. C'est dire qu'il n'y a pas de différence de nature entre la psychologie de l'enfant et la psychologie de l'éducation, comme cela était le fait entre la psychopédagogie et la psychologie de l'éducation. Seules les conditions d'existence ne sont pas les mêmes et, évidemment, les méthodes d'analyse peuvent être différentes sur certains points. Mais, manifestement, il y a une intersection commune entre les deux disciplines. Et Gérard Vergnaud[1], dans une légère critique de Jean Piaget, écrit : « La première faiblesse de Piaget concerne le rapport entre le développement cognitif et l'éducation... encore aujourd'hui, beaucoup de psychologues veulent faire une psychologie du développement sans faire une psychologie de l'éducation. »

C'est donc à cette définition limitée que nous essayerons de nous tenir, même si, quelquefois, le domaine de la psychologie et celui de la psychologie de l'éducation se recouvrent en partie ; c'est le cas, pour ne prendre qu'un exemple, des lois de l'apprentissage.

1. G. Vergnaud, *Psychologie cognitive et éducation : un enjeu scientifique et social.*

Tout psychologue qui étudie les aspects cognitifs ou affectifs de l'apprentissage doit exercer une action sur le sujet, ne serait-ce que le fait de lui imposer une certaine répétition, par exemple. La méthode utilisée relève de l'action pédagogique. Existe-t-il une frontière, dans ce cas, entre les deux disciplines ? Dans d'autres cas ce sont des domaines différents qui appartiennent à l'une ou à l'autre de ces disciplines ; l'exemple de la lecture est éclairant : l'étude de la conduite du lecteur adulte appartient à la psychophysiologie, à la psychologie, à la sociologie, à l'ethnologie, à l'histoire... La question de l'apprentissage de la lecture, des aspects psychologiques des méthodes utilisées, relève typiquement du domaine de la psychologie de l'éducation. Le psychologue devra donc s'efforcer de préciser les variables pédagogiques qu'il introduit dans ses recherches ou qu'il utilise dans ses interprétations ; de son côté, le psychologue de l'éducation ne perdra pas l'occasion de mettre à profit, dans ses études, les lois générales étudiées par le psychologue et de montrer en quoi, si cela est nécessaire, elles sont indépendantes ou non des conditions créées par la situation d'éducation. Il faut bien reconnaître que, dans certains domaines, les limites entre les deux disciplines sont difficiles à tracer ; nous venons de donner l'exemple de la lecture ; on pourrait aussi citer les problèmes psychologiques liés aux débuts de l'activité numérique du jeune enfant. Le développement du psychisme résulte de l'ensemble des interactions dialectiques entre le domaine biologique et l'environnement physique, humain, social du sujet (y compris les phénomènes d'acculturation). L'apparition des structures numériques (voir plus loin cette question, chap. V) résulte-t-elle des expériences personnelles de l'enfant aux prises avec le réel (domaine de la psychologie génétique) ou d'une action éducative explicite du milieu social ambiant (apprendre « à compter » par exemple), domaine de la psychologie de l'éducation ?

Étant donné les dimensions de ce livre, une double limitation nous est imposée : nous ne pourrons ni aborder tous les domaines de la psychologie de l'éducation ni traiter de manière exhaustive chacun des domaines évoqués. Nous nous contenterons de présenter quelques exemples de recherches pour illustrer la définition que nous venons de donner de la psychologie de l'éducation, d'où la multiplicité des références bibliographiques. Tous les résultats rapportés, par ailleurs, ne sont pas du même niveau scientifique : les uns relèvent de l'intuition, de l'observation simple, d'autres de recherches scientifiquement plus élaborées. Le terrain propre de la psychologie de l'éducation est encore en grande partie en friche. Nous voudrions, avec ce petit livre, participer à son développement[1].

1. Dans un ouvrage très récent, J. N. Foulin, et S. Mouchon, *Psychologie de l'éducation,* les auteurs précisent : « La psychologie de l'éducation pourrait être conçue comme un domaine de la psychologie dont l'objet d'étude est l'élève, c'est-à-dire, au sens large, un individu inséré dans un processus d'éducation. » Notre position est légèrement différente puisque nous partons des situations d'éducation pour aller vers l'élève et non l'inverse.

Chapitre II

LES ASPECTS PSYCHOLOGIQUES DE L'INSTITUTION ÉDUCATIVE

Dans toutes les sociétés, même si c'est quelquefois sous une forme plus ou moins embryonnaire, on trouve toujours un ensemble d'organismes, de structures qui assurent, d'une façon ou d'une autre, l'initiation, l'éducation, le perfectionnement de ses membres. L'institution éducative sert de trait d'union entre la vie individuelle et la vie sociale. La famille constitue le premier milieu éducatif ; puis c'est l'école à tous ses niveaux, de l'école maternelle à l'Université qui continue à assurer cette fonction ; le relais est ensuite pris par tout ce que l'on appelle la formation continue ou la formation permanente, les organismes d'animation culturelle, le milieu professionnel...

Les formes concrètes de cette institution scolaire (les écoles, les classes...) constituent de nouveaux milieux de vie pour les enfants, les adultes. Tout changement de milieu de vie implique de nouvelles conditions d'existence ; d'où l'appel à de nouveaux aspects de la personnalité, soit déjà existants, soit à développer sinon à créer. L'étude de tous les processus psychologiques mis en œuvre constitue un chapitre important – bien que peu exploré encore – de la psychologie de l'éducation[1].

1. Nous laissons de côté les très intéressantes études de type sociologique sur les effets-classe et effets-établissement. Voir, par exemple, les travaux de Duru et Mingat.

L'entrée à l'école et les changements de niveaux

L'entree à l'école est un événement très important dans la vie de l'enfant : celui-ci quitte sa famille, découvre un autre milieu que le milieu familial, fait l'apprentissage de nouvelles relations humaines avec des « pairs », doit se soumettre – et ce quelle que soit la souplesse du règlement – à de nouvelles façons de se conduire... C'est donc dans un nouvel univers que pénètre le jeune enfant, et ce passage ne se fait pas toujours sans répercussions, aussi bien sur le plan de la santé que sur celui de l'évolution psychologique.

L'organisation même de l'école (accueil des nouveaux élèves par exemple), les relations des éducateurs avec les parents, le climat général de l'établissement, la « réputation » positive ou négative de l'école, la préparation de l'enfant au sein de sa famille pour aborder ce nouveau monde, les dispositions administratives générales (âge d'entrée, mixité ou non, possibilités ou non, pour les parents, d'accompagner l'enfant jusque dans la classe par exemple...) sont des éléments à prendre en considération pour analyser les réactions psychologiques de l'enfant. Si certains enfants se trouvent très à l'aise dans ce nouveau milieu social, d'autres sont très perturbés. Dès 1895 Alfred Binet faisait paraître une étude sur l'anxiété des élèves à l'école. Un demi-siècle plus tard, Angéla Medici écrivait : « Nous savons aussi que l'enfant face à nous, et en particulier dans sa vie d'écolier, est tourmenté par un sentiment dominant : la peur... Cette peur, l'école dispose d'armes redoutables pour l'entretenir et la faire augmenter. »[1] Et il serait très long d'énumérer et d'analyser toutes les recherches sur l'anxiété de l'enfant, de l'adolescent en milieu scolaire ; des épreuves d'évaluation ont été

1. A. Medici, *L'école et l'enfant.*

mises au point[1] : l'échelle de Demangeon, par exemple, fournit deux évaluations : l'une est relative à l'anxiété scolaire, l'autre à l'anxiété générale. On a pu mettre en relation le niveau moyen de l'anxiété avec les méthodes pédagogiques utilisées par certains enseignants. Le passage en sixième (voir ci-après) s'accompagne d'une élévation de l'anxiété scolaire.

Changement de classe, changement de niveau. — Jadis, lorsque chaque année l'élève progressait normalement, l'enfant se trouvait en présence d'un nouvel adulte. Nouvelle personnalité, nouvelles habitudes à prendre, nouvelles consignes à respecter (façon de tenir les cahiers, de travailler...). La rencontre avec une nouvelle personnalité, un nouveau groupe d'élèves va exiger de l'enfant une série de nouvelles adaptations ; de nouvelles relations affectives, sociales, intellectuelles vont se développer, quelquefois positivement, d'autres fois négativement.

De nouveaux modes d'organisation pédagogique essayent de réagir contre cette obligation faite à l'élève de se réadapter annuellement à un nouvel enseignant ; la mise en place des cycles et la possibilité offerte à un enseignant de suivre plusieurs années de suite ses élèves sont des solutions qui vont dans le même sens. Nous ne disposons pas encore d'un nombre suffisant de recherches scientifiques pour étudier les effets de ces changements institutionnels.

Deux autres changements scolaires sont importants à noter pour analyser leurs conséquences psychologiques : l'entrée dans le second degré et l'entrée en université. Sans nous lancer ici dans une étude approfondie de ces questions, disons seulement que lorsque l'enfant entre au collège, l'ensemble du paysage scolaire est bouleversé : à un seul enseignant est substitué un plus grand nombre de professeurs (avec chacun

1. Voir Demangeon : Étude de l'anxiété en milieu scolaire chez des enfants de 10 à 12 ans.

sa personnalité, ses habitudes, son langage plus ou moins compréhensible...), les modes de travail ne se font plus selon les mêmes modalités (par ex. à l'école élémentaire on donne tous les jours le travail à faire pour le lendemain, alors qu'au collège le travail est donné aujourd'hui pour être fait en vue du prochain cours qui aura lieu dans deux ou trois jours), une certaine liberté d'organisation du travail apparaît, et les relations du professeur des écoles avec l'élève ne sont plus celles d'une équipe professorale avec les collégiens. Le collégien est amené à penser dans un temps à moyenne échéance, alors qu'à l'école élémentaire l'élève ne pensait qu'en fonction du lendemain ; son horizon temporel habituel (Paul Fraisse) se limitait à un jour ou deux.

L'entrée à l'Université pose d'autres problèmes et, en particulier, celui de la liberté personnelle par suite d'un éloignement plus grand du cercle familial. Pour beaucoup de jeunes étudiants la vie universitaire est la première forme de la vie autonome, et les réactions psychologiques et sociales sont très différentes selon les individus, depuis l'angoisse de la solitude jusqu'à l'utilisation effrénée d'une liberté enfin obtenue.

Les effets généraux de la scolarisation sur la personnalité[1]

L'école constitue donc un nouveau milieu social pour l'enfant, et dans la mesure où nous estimons (notre position psychologique générale) que c'est grâce, en partie, aux relations dialectiques qui se développent entre le sujet et son milieu, que se construit la personnalité d'un sujet, « aller à l'école » c'est fréquenter un nouveau milieu, c'est donc utiliser et développer de nouveaux aspects de la personnalité.

1. Pour de plus amples développements on pourra consulter : C. Malandain, *Scolarité et développement de la personnalité* ; M. Cifali, *Le lien éducatif* ; F. Imbert, *L'inconscient dans la classe.*

1 / *De nouvelles relations avec autrui, adultes et enfants.* Les deux schémas suivants, tout en constituant une simplification extrême, mettent bien en évidence la situation familiale et la situation scolaire :

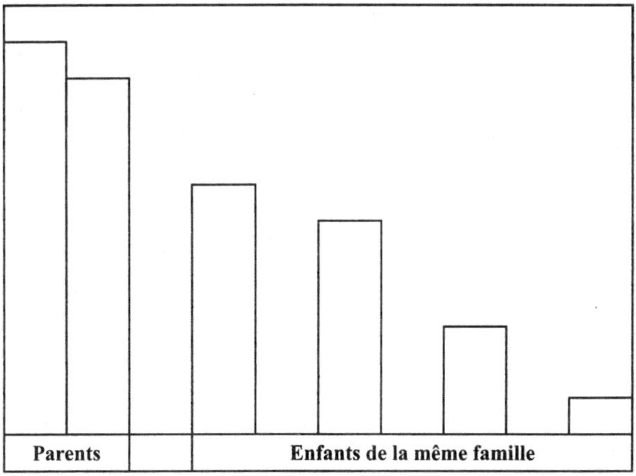

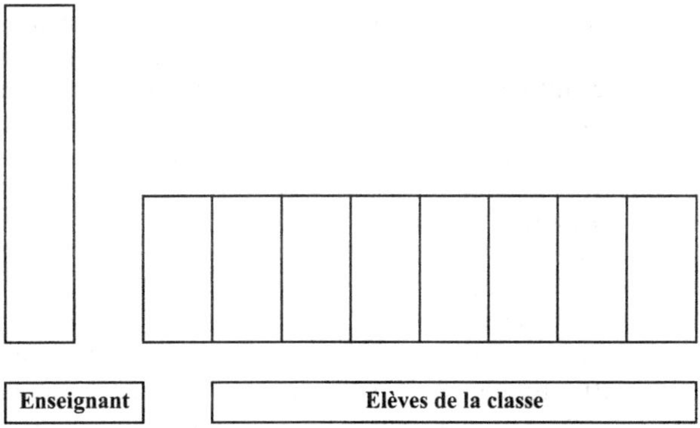

Dans la famille (il s'agit bien d'un schéma général) la place de l'enfant est précise, avec des aînés et des puînés ; les relations entre les sujets sont hiérarchisées (dans certaines civilisations on donne un nom particulier à l'aîné/e de la famille). Les parents ne s'adressent pas toujours à tous les enfants : ils s'adressent à l'un ou à l'autre ; la réception d'un message est liée à la relation d'un parent avec un enfant déterminé. L'ordre ou la demande est accompagnée du nom, du surnom ou du diminutif de l'enfant, ce qui particularise encore plus la relation. On sait aussi que les relations avec les deux adultes parents ne sont pas rigoureusement analogues. Les droits et les devoirs de chaque enfant sont, en partie, fonction de sa position dans la série ; on ne demande pas les mêmes choses à tous les enfants, et les « petits » ont, en général, plus de droits que les « grands ». La personnalité s'est donc développée au sein d'une petite société structurée et dont l'un des facteurs de cette structuration est l'âge de chaque enfant.

La situation est tout à fait différente dans la classe habituelle. Un seul adulte et un groupe d'enfants de même âge, ayant théoriquement un développement analogue, ayant les mêmes droits et les mêmes devoirs. Lorsque le maître parle à la classe, le message unique s'adresse à tous les enfants, même si le nom de chacun n'est pas prononcé. L'enfant fait une nouvelle expérience : celle de l'égalité des droits et des devoirs, celle d'une coopération entre pairs ou entre copains, choisis et non imposés comme en famille. Dès le début de l'école, l'élève fait l'apprentissage d'un nouveau comportement : celui des citoyens égaux en devoirs et en droit devant la loi, représentée ici par le maître. Malandain (p. 75) ajoute une autre touche à la situation : « L'épreuve de la séparation est d'autant plus délicate en ce qui concerne le milieu scolaire que la maîtresse, compte tenu de ses obligations, ne peut pas vraiment se substituer à l'objet maternel. En classe, c'est essentiellement le groupe qui porte l'enfant et c'est en se fondant dans le groupe que chacun peut retrouver la sécurité des bras maternels. Cette transposition des demandes d'affection peut avoir des effets stimulants dans la mesure où elle permet à l'enfant une émancipation partielle à l'égard de l'adulte, mais elle n'est pas sans danger, le groupe imposant parfois à l'enfant une soumission plus cruelle que celle requise par l'autorité de l'adulte. » D'où la nécessité de pouvoir définir le climat psychologique de la classe (voir ci-après).

Nous aurons l'occasion de revenir plus en détail sur les aspects psychologiques de la relation éducative ; signalons ici uniquement les aspects psychologiques généraux liés à l'existence de l'institution scolaire. Malandain insiste sur l'importance des relations de l'enfant avec le maître au début de la scolarité : « Dans les premières semaines, le vrai et le faux se confondent avec le permis et l'interdit ; l'approbation ou la désapprobation du maître marquent la réussite ou l'échec. Il résulte de cette dépendance que les premiers apprentissages se confondent avec la mise en place de la relation pédagogique et qu'il est difficile, dans les premiers succès ou échecs, de faire la part de ce qui revient au cognitif et à l'affectif. Pour pouvoir apprendre, l'enfant doit accepter d'avoir un maître, c'est-à-dire, pouvoir vivre l'intervention de l'adulte comme une aide et non comme une intrusion » (p. 110).

Cette relation éducative va varier en fonction des sujets, évidemment, mais aussi en fonction de l'étape scolaire au sein de l'institution. L'arrivée au secondaire correspond à un nouveau changement dans les relations maîtres/élèves. Malandain a une formule heureuse à ce sujet : « Alors qu'en primaire le maître unique peut tenir compte des différences de ses élèves, en sixième, au contraire, ce sont les élèves qui doivent apprendre à tenir compte des différences (et parfois des rivalités) entre ses professeurs » (p. 166). C'est donc une nouvelle découverte et de nouveaux apprentissages d'un type de relations sociales du sujet avec d'autres individus qui ne sont plus ses pairs ; la personnalité des sujets s'enrichit de nouvelles composantes.

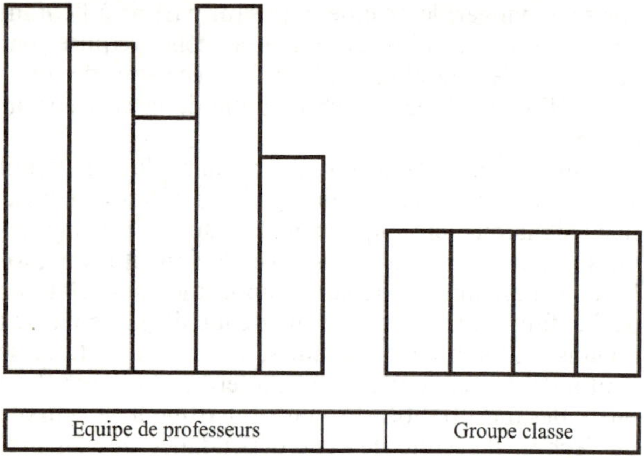

Depuis longtemps (1966), Bianka Zazzo avait déjà insisté sur le rôle des structures au niveau de l'adolescence[1]. C'était encore l'époque où la scolarité n'était obligatoire que jusqu'à 14 ans. A ce niveau, ou bien l'adolescent est dans l'enseignement secondaire, ou bien il est en apprentissage (centre d'apprentissage ou école professionnelle). B. Zazzo note des différences dans l'évolution de la personnalité selon que le sujet se trouve dans telle ou telle structure scolaire et elle va jusqu'à parler de deux adolescences : « Chez les adolescents primaires, appartenant surtout à des familles ouvrières, on constate bien une volonté d'échapper aux servitudes du statut de dépendance,

1. B. Zazzo, *La psychologie différentielle des adolescents.*

mais sans que son principe soit remis en question, ni dans le présent, ni même dans un proche avenir... chez les lycéens au contraire, qu'ils appartiennent ou non à un milieu économiquement aisé, les aspirations vont au-delà des contraintes subies et visent plus souvent la suppression des liens de dépendance... L'autorité parentale est refusée en tant que tutelle et non seulement en tant que contrainte » (p. 272). Avec la création du collège unique, les différences ne sont peut-être plus autant marquées sur le plan des relations familiales mais, certainement, les différences apparaissent en ce qui concerne les relations savoir/pratiques professionnelles.

De son côté, Claude Bourcet[1] analyse et met en évidence le rôle de l'institution scolaire sur la personnalité des adolescents. « C'est dans le cours de l'adolescence que le sujet élabore la capacité de se penser comme investi de plus ou moins de valeur en tant que personne. L'action conjuguée d'une pression sociale et parentale à la réussite "coûte que coûte" et d'une institution scolaire vécue comme impersonnelle et élitiste contribue à ce que certains adolescents fassent alors l'expérience douloureuse de la dévalorisation personnelle » (p. 315). Et plus loin l'auteur insiste : « La formidable pression scolaire qui s'exerce sur les élèves n'est pas étrangère à l'émergence de la dépréciation de soi et des états dépressifs à l'adolescence. » L'attitude indifférente ou de mépris de certains enseignants, l'intérêt obsessionnel des parents vis-à-vis de la réussite scolaire, conduisent de la dévalorisation à la dépression ou à la délinquance ; Bourcet met bien en évidence l'évolution des processus et propose des solutions : « Il nous semble qu'une structure de type "semi-parallèle", où les élèves en difficulté partagent avec leurs camarades de même âge une série de branches communes et se trouvent sépa-

1. C. Bourcet, *Valorisation et dévalorisation de soi en milieu scolaire : pour une approche psychopédagogique humaniste.*

rés uniquement lors des cours concernant les matières dites à niveau, pourrait tout à la fois les maintenir dans un principe de réalité et de comparaison élargie, tout en leur permettant de ne pas obtenir que des évaluations négatives. » Un tel dispositif a été testé par Tamagni et Pierre Humbert, en Suisse romande, sur 169 élèves de 14 et 15 ans.

Toutes ces remarques très générales simplifient considérablement la réalité et il faudrait leur apporter beaucoup de nuances en fonction des situations pédagogiques, des relations école/famille, du climat général de la classe et de l'établissement. Mais elles doivent être faites pour donner une idée des nombreux champs de la psychologie de l'éducation ; les situations d'éducation ne peuvent plus, aujourd'hui, n'être considérées que sous l'angle de la pédagogie. Le domaine de l'éducation, en apportant des points de vue différents, enrichit par ailleurs la psychologie de l'enfant.

L'influence des structures

La question soulevée par les travaux de B. Zazzo nous amène à prendre en considération les structures elles-mêmes et à nous demander dans quelle mesure les structures dites « parallèles » ou dites « horizontales » introduisent des composantes différentes dans la construction de la personnalité. Les analyses scientifiques sont difficiles en ce domaine ; on ne trouve que peu, pour ne pas dire aucune recherche de type expérimental[1] ; il faut se contenter d'études comparatives en essayant de contrôler le nombre très grand de variables indépendantes. Une ancienne étude de l'IEA[2] montrait que, selon les modalités sui-

1. Une circulaire ministérielle de R. Haby permettait toutes les expérimentations pédagogiques à l'exception de celles qui portaient sur les structures !

2. IEA (International Educational Achievement) : série de recherches menées sur le plan international.

vantes : l'enseignement des garçons étant différent de celui des filles ; les enseignements des garçons et des filles étant identiques mais donnés dans des établissements différents ; l'éducation étant totalement mixte, les résultats des garçons et des filles se présentaient de la façon suivante :

— résultats des garçons supérieurs à ceux des filles ;
— résultats des garçons identiques à ceux des filles ;
— résultats des garçons inférieurs à ceux des filles.

Le développement de la personnalité (ici sous l'angle des acquisitions et des résultats scolaires) semble donc très lié aux conditions éducatives créées par l'institution éducative ; il ne semble plus possible, aujourd'hui, de faire une psychologie différentielle des garçons et des filles, des lycéens et de ceux qui sont en apprentissage, des citadins (les grands lycées parisiens) et des jeunes ruraux (petits collèges proches du milieu familial et naturel), sans prendre en compte les conditions pédagogiques qui leur sont imposées.

Le climat de la classe, de l'établissement

Nous avons signalé ci-dessus que de nouvelles conditions d'existence provoquaient des modifications du psychisme. Le climat d'une classe, d'un établissement agissent sur les relations affectives des différents partenaires entre eux : maître/élève(s), élèves entre eux, enseignants/parents. Il est donc utile, pour comprendre les types d'évolution psychologique des élèves, de pouvoir disposer d'informations sur le climat psychologique dans lequel ils vivent et travaillent. Une recherche lancée par l'INRP sur les écoles maternelles nous apporte quelques indications pour définir le climat de l'école en prenant en considération quatre dimensions :

— relations à l'intérieur de l'école : cohésion de l'équipe des institutrices... ;

— relations avec la hiérarchie et, en particulier, autonomie de l'école ;
— relations avec l'environnement et, principalement, relations avec les parents ;
— degré de satisfaction générale.

Il est évident que l'enfant est plus heureux et, par là même, plus motivé pour la vie scolaire, si le climat de l'établissement est détendu, amical, sans aucune composante agressive. On connaît, par expérience directe, les établissements dans lesquels les élèves se plaisent et ceux dans lesquels on ne va au « bahut » que contraint et forcé.

Les contraintes spatiales et temporelles. Les rythmes scolaires[1]

Dans la citation suivante, Malandain (*op. cit.*, p. 103) observe très pertinemment que « la manière dont la classe est spatialement organisée a des implications non seulement pédagogiques mais aussi psychologiques. Ainsi lorsque les places sont fixes, l'immobilité ne concerne pas seulement le sujet dans sa motricité, mais aussi dans son identité : la place qu'il occupe – et qui lui est réservée – le signale en permanence et ne lui permet plus de se fondre aussi facilement dans l'anonymat du groupe ».

Les expériences d'établissements organisés autrement qu'en classes (voir les écoles polyvalentes du Québec, qui correspondent à peu près aux collèges français), ont permis d'observer les difficultés d'adaptation scolaire rencontrées par certains élèves qui n'ont pas de groupe de référence fixe (on se rappelle aussi l'expérience des Écoles centrales de la Révolution française). D'une heure à l'autre, le collégien court d'une classe à l'autre, rencontre des groupes différemment constitués pour écouter des professeurs avec lesquels il n'y a que peu de relations personnelles.

1. On pourra consulter les travaux de H. Montagner, F. Testu.

La question des rythmes scolaires : durée de la journée scolaire et nombre d'heures de cours, nombre de jours de travail dans la semaine (expérience actuelle française de la semaine de quatre jours), études sur la fatigue des élèves aussi bien en fonction des conditions matérielles d'installation que des conditions pédagogiques (méthodes utilisées), organisation de l'emploi du temps font actuellement l'objet de très nombreux travaux. D'une bonne organisation du temps dépendent à la fois la qualité des apprentissages, la bonne santé physique et psychologique de l'élève, la possibilité de profiter des autres aspects de la vie (sports, arts, activités personnelles...), les facteurs positifs de la réussite scolaire, le bon équilibre psychologique général. Et ces remarques sont valables aussi bien pour les élèves que pour les enseignants.

Des expériences sont actuellement en cours : des écoles pratiquent « la semaine de quatre jours » et d'autres gardent l'ancien rythme. Dans quelques années nous disposerons des résultats et des analyses pour avoir une idée plus précise des effets de cette modalité de scolarisation.

Chapitre III

L'ACTION ÉDUCATIVE

Au sein d'une situation éducative (voir ci-dessus p. 5) se développent plusieurs courants de phénomènes psychologiques : à l'intérieur de chacun des groupes (groupe des administratifs, groupe des parents et de la communauté, groupe des enseignants, groupe des élèves), entre les groupes eux-mêmes. Le nombre des interactions est donc très grand, pratiquement presque infini. Nous sommes donc obligés de nous limiter à quelques aspects seulement :

— problèmes généraux de la communication ;
— relations psychologiques au sein d'une situation d'éducation ;
— processus psychologiques individuels au cours de l'apprentissage.

La relation éducative[1]

Elle est, tout d'abord, une relation entre deux êtres humains et peut s'analyser, en première approximation, comme telle, à savoir, aussi bien pour l'élève que pour l'enseignant, prendre en considération la personnalité du sujet, son expérience passée (études déjà faites, par exemple), son milieu familial et son milieu social, les conditions sociales de la situation de relation (voir, par exemple, les différences qui sont apparues dans les relations éducatives d'avant et d'après 1968).

1. Voir, à ce sujet, M. Postic, *La relation éducative*.

La relation éducative a pour caractéristiques d'ajouter d'autres composantes à la relation, déjà asymétrique, enfant-adulte : le maître a le savoir que ne possède pas encore l'élève, et une certaine forme de pouvoir que ne possède pas l'élève (le maître peut renvoyer l'élève alors que l'inverse n'est pas, encore, dans l'ordre des choses). En fait, enseignant et élève n'ont pas le même statut social. Et à tous ces facteurs s'ajoutent, pour tous les partenaires de la relation éducative, les anciennes expériences vécues (scolaires, pour tous ; les expériences d'enseignement, pour les maîtres) soit positivement, soit négativement. Les âges respectifs de l'éducateur et de l'éduqué sont donc des composantes importantes de la relation éducative ; la relation de la maîtresse d'école maternelle avec ses élèves n'est pas du tout identique à celle du professeur d'université avec ses étudiants. On ne peut plus considérer l'élève comme le faisait Socrate, qui ne voulait savoir qu'une seule chose sur son interlocuteur : « Parle-t-il grec ? » La relation éducative est complexe et difficile à analyser.

Problèmes de la communication

Le processus éducatif est, essentiellement, un processus de communication ; il est donc nécessaire d'analyser ce qui se passe entre le moment où un message est émis par l'enseignant, et le moment où il est reçu, compris et interprété par l'élève[1].

Rappelons ici le schéma général de la communication en classe, pour n'en examiner que les aspects psychologiques (voir p. 28).

Au-delà des caractéristiques physiques des messages, de leur réception (intensité, vitesse, composantes harmoniques) et de leur importance (si un élève ne voit pas ou n'entend pas très bien, il perd une partie

1. Pour une analyse plus approfondie et de type psychopédagogique, nous renvoyons le lecteur soit à *La psychopédagogie*, soit à *Pédagogie générale*.

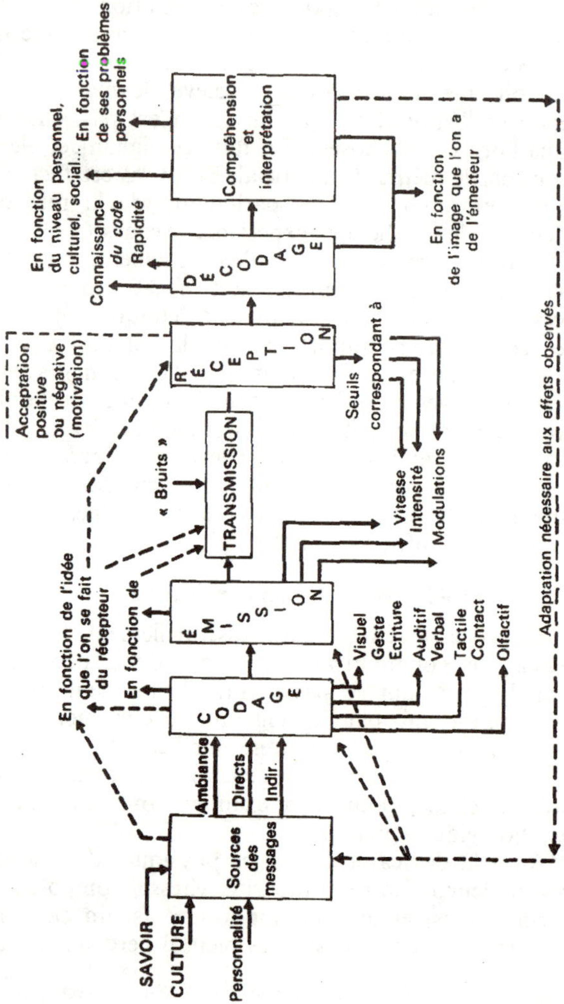

SAVOIR
CULTURE
Personnalité
Sources des messages
Ambiance
Directs
Indir.
C O D A G E
En fonction de l'idée que l'on se fait du récepteur
En fonction de
Visuel
Geste
Ecriture
Auditif
Verbal
Tactile
Contact
Olfactif
É M I S S I O N
« Bruits »
TRANSMISSION
Vitesse
Intensité
Modulations
Acceptation positive ou négative (motivation)
R É C E P T I O N
Seuils correspondant à
D É C O D A G E
Connaissance du code
Rapidité
En fonction du niveau personnel, culturel, social...
En fonction de ses problèmes personnels
Compréhension et interprétation
En fonction de l'image que l'on a de l'émetteur
Adaptation nécessaire aux effets observés

quelquefois importante du message et rencontre alors des difficultés pour l'identifier, le comprendre, l'interpréter), trois problèmes essentiels se posent au psychologue de l'éducation :

— l'acceptation ou le refus des messages ; en d'autres termes : la motivation pour les activités scolaires (avec ses modalités et ses niveaux selon les situations) ;
— les problèmes de décodage des messages magistraux. Si un élève ne connaît pas très bien la langue parlée par l'enseignant (langue française / langue maternelle étrangère de l'élève, langue académique / langue familiale...), si un élève ne domine pas parfaitement la lecture.., il est évident que tous les problèmes de décodage, de reconnaissance, de compréhension, d'interprétation présentent des insuffisances, et les messages envoyés par l'enseignant sont très mal reçus ;
— restent tous les problèmes de la compréhension et de l'interprétation correcte des messages reçus. Ici entrent en jeu des phénomènes psychiques liés au niveau intellectuel du sujet, à ses expériences antérieures, à la familiarité qu'il a de la source des messages (les habitudes de l'enseignant).

L'analyse des éléments d'une situation d'éducation ne peut donc pas se faire sans savoir comment se déroule la chaîne qui va de l'émission des messages jusqu'à leur interprétation par le receveur. L'analyse des résultats scolaires ne peut pas se faire sans connaître les niveaux de la motivation (relations positives ou négatives avec le professeur), les conditions d'émission et de transmission des messages (langage du professeur, place de l'élève dans la classe...), les relations qu'établit l'élève entre son expérience vécue et les activités scolaires qui lui sont imposées. Et selon les méthodes pédagogiques qui intègrent une grande partie de ces facteurs, les interprétations des résultats pourront être différentes.

Les relations au sein des processus éducatifs

1 / Il est évidemment impossible de discuter de cette question indépendamment des conditions pédagogiques, puisque ce sont ces conditions pédagogiques elles-mêmes qui déterminent les réactions psychologiques des enseignants et des élèves. A la question de la maman au bambin qui rentre de l'école : « Qu'as-tu fait ce matin à l'école ? », l'enfant répond très justement : « Rien, c'est la maître qui a parlé tout le temps. » Si la classe du bambin avait été organisée pour provoquer le travail en équipe, l'enfant aurait répondu autre chose. Tous les grands discours théoriques sur la relation maître-élève ne sont valables que par rapport à une situation éducative théorique, idéale ; les aspects affectifs et imaginaires de la relation dépendent des occasions qu'offre la méthode pédagogique de mettre en relation l'enseignant et les élèves, les élèves entre eux...

2 / Pour procéder à l'étude objective des situations d'éducation, Marguerite Altet[1] procède à une analyse des messages échangés entre l'enseignant, les élèves, entre les élèves entre eux.

Classification proposée par Altet des messages envoyés selon les fonctions professorales :

— fonction didactique : information-niveau : contenu :
  - produit de l'information,
  - donne des exemples,
  - donne des explications,
  - pose des questions,
  - contrôle, accepte les réponses,

1. M. Altet, *La formation professionnelle des enseignants.*

- reformule, réorganise les réponses,
- utilise les acquis antérieurs, combine les infos,
- ... ;

— fonction didactique : organisation-structuration. Niveau : situation d'apprentissage,
- fixe un objectif,
- définit la tâche,
- pose le problème,
- structure la situation d'apprentissage,
- donne des consignes,
- varie les modes de présentation,
- organise la classe,
- organise le travail,
- ... ;

— fonction didactique : stimulation – animation – activation. Niveau apprenant :
- sollicite, incite,
- explicite, répète,
- exploite les apports des élèves,
- laisse un temps de réflexion,
- donne une piste,
- apporte une aide,
- accompagne, guide,
- renforce, encourage,
- propose une situation-problème,
- ... ;

— fonction didactique : évaluation. Niveau : tâche :
- rétroagit, donne son feedback,
- vérifie la compréhension,
- contrôle, corrige,
- réoriente,
- fait corriger par un autre élève,
- fait confronter,
- évalue,
- fait réinvestir,
- ... ;

— fonction didactique : régulation. Niveau : climat :
- régule,
- accepte les sentiments des élèves,
- plaisante, rit ; détente,
- renforce la classe,
- fait une pause ; silence,
- ... ;

L'ensemble de ces fonctions, inspirées et adaptées des travaux de Marcel Postic, permet à la fois de faire une évaluation quantitative de ce qui se passe en classe et d'analyser le « style d'enseignement » du professeur. Nous laisserons de côté cette question pour nous retourner vers l'élève et étudier, avec les classifications de M. Altet, les *réactions interactives induites chez les élèves en classe :*

— système d'apprentissage : réception-consommation :
- écoute,
- observe,
- donne une réponse,
- réagit à des consignes,
- répète une réponse,
- donne une explication,
- justifie sa réponse,
- applique, fait un exercice,
- exécute, prend des notes,
- utilise l'information donnée,
- ne répond pas ; silence,
- ... ;

— système d'apprentissage : expression-production :
- recherche,
- tâtonne, explore,
- pose une question spontanément,
- propose spontanément une solution,
- apporte des idées, a des initiatives,
- résout des problèmes,
- confronte, échange avec d'autres élèves,

– demande de l'aide,
– donne son opinion,
– fait une synthèse,
– argumente,
– juge, évalue,
– ...

Les deux schémas suivants mettent bien en évidence la différence qui existent dans les réactions des élèves en présence de comportements différents du professeur : les élèves, au cours des séances 1, 2, 3, sont, dans 77,1 % des messages relevés, en situation de réception-consommation, et, dans 22,9 % des cas, en situation de production. Les élèves, au cours de la séance 4, sont en situation de réception-consommation pour 33,9 % des messages et en situation de production dans 66,1 % des cas.

Considérations générales sur l'apprentissage[1]

1 / L'analyse de l'apprentissage ne peut pas se faire sans la connaissance des conditions éducatives dans lesquelles il se développe. C'est bien là le postulat fondamental qui fonde la psychologie de l'éducation. Dans un enseignement magistral, l'élève reçoit ; quand on utilise les « méthodes actives », l'élève « cherche » et « construit » son savoir (formule du GFEN : auto-socio-construction du savoir)[2]. Les deux séries de processus psychologiques sont différentes[3]. Nous renvoyons le lecteur à la page 49 où sont sché-

1. Ce sont plusieurs chapitres de psychologie qu'il faudrait traiter ici. Nous ne nous contenterons que de quelques indications en renvoyant les lecteurs intéressés aux ouvrages qui ont traité de la question et, en particulier, J.-F. Richard, *Les activités mentales. Comprendre, raisonner, trouver des solutions* ; A. Weil-Barais, *L'Homme cognitif* ; B. Aumont et P. M. Mesnier, *L'acte d'apprendre.*

2. Voir ci-après le paragraphe « De l'acte à la pensée ».

3. Comme nous ne nous plaçons pas sur le plan pédagogique, nous ne porterons pas de jugement de valeur sur les avantages et les inconvénients des démarches pédagogiques.

Professeur B français
séance 1, 2, 3

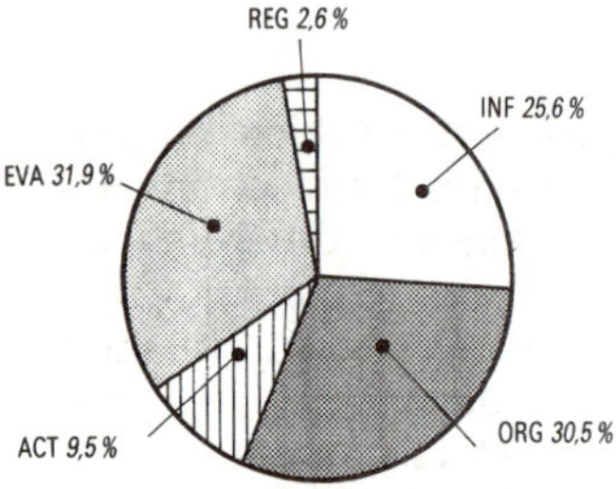

Dominante : fonctions information/
évaluation, niveau contenu-tâche, 56 %
Variabilité : valeur du χ^2 = 16.31115
Méthode interrogative
Fonctions activation/régulation,
niveau apprenant-climat, 12 %
Variabilité : valeur du χ^2 = 6.625241
Fonction organisation,
niveau situation, 30 %

Elèves B système d'apprentissage
séance 1, 2, 3

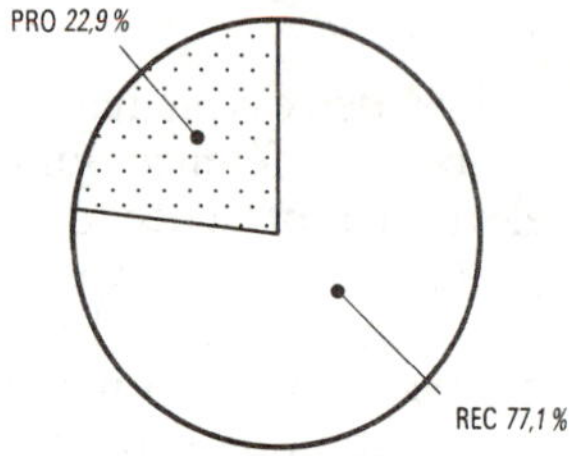

Constance : valeur du χ^2 = 4.315713
χ^2 significatif pour 2 degrés de liberté,
seuil P.05 = 5.93
Dominante : système d'apprentissage
Réception-consommation
Variabilité : χ^2 = 33.71722
Système
Expression-production 1/4

APRÈS STAGE DE FORMATION SUR LE PROCESSUS DIALECTIQUE E-A

Professeur B français
séance 4

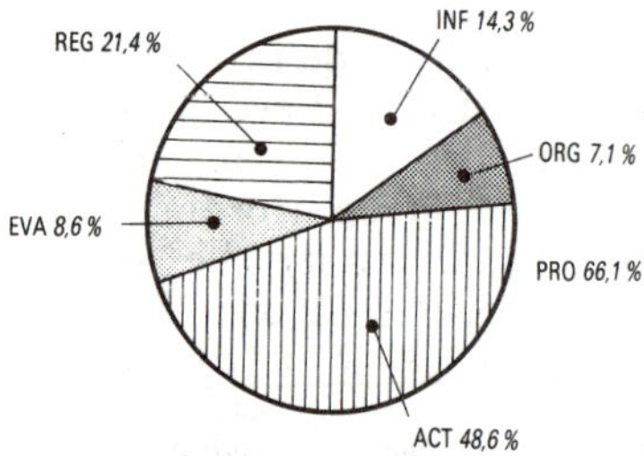

Dominante : fonctions activation/
régulation, niveau apprenant, 70 %
Méthodes actives et individualisées
Fonctions information/évaluation,
niveau contenu-tâche, 23 %
Changement entre séances 1, 2, 3 et 4
Valeur du χ^2 = 23.17571

Elèves B système d'apprentissage
séance 4

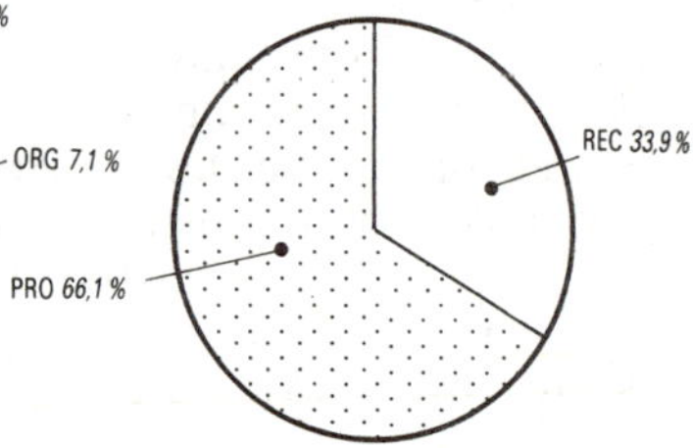

χ^2 significatif pour 8 degrés
de liberté, seuil P.05 = 15.51
Dominante : système d'apprentissage
expression/production
Changement des activités
Valeur du χ^2 = 65.2473
Significatif à P.05 = 5.99

matisées les deux grandes catégories de méthodes pédagogiques. Essayons simplement de rappeler les lois principales de l'apprentissage, chacune des méthodes pédagogiques mettant en œuvre, d'une façon plus ou moins explicite, telle ou telle loi.

Rappel des lois principales de l'apprentissage. — En nous référant au livre d'Annick Weil-Barais, nous allons essayer de résumer en quelques lignes un très dense chapitre de 40 pages ; c'est dire que nous invitons le lecteur à s'y reporter.

« Les formes d'apprentissage sont multiples. Leur nombre et leur description ne sont pas sans poser problème ; les formes d'apprentissage classiquement distinguées... reposent sur des critères extrêmement différents » (p. 443). Contentons-nous de les énumérer :

— L'empreinte : « L'empreinte est une forme particulière d'apprentissage dans laquelle, au cours d'une période critique, génétiquement programmée, un comportement inné se relie à des objets spécifiques qui, plus tard, le déclencheront. L'empreinte peut intervenir dans la formation d'un lien filial, parental ou sexuel, dans le choix d'un habitat, dans les préférences alimentaires, et dans toute situation impliquant une forme quelconque de relation entre un objet et une réponse » (Lorenz, cité par Weil-Barais). Certaines attitudes vis-à-vis de l'école peuvent s'expliquer par ce phénomène d'empreinte.

— L'habituation : « L'habituation consiste dans la diminution relative permanente d'une réponse à la suite d'une présentation répétée d'une stimulation. L'habituation traduit la capacité d'apprendre à ne pas réagir à certains stimuli... Il semblerait en fait que la réaction à la nouveauté soit première ; ce que les individus apprennent, c'est à ne pas réagir à des stimuli connus non porteurs d'informations nouvelles. » C'est une forme d'apprentissage qui entre en jeu dans l'adaptation au nouveau monde qu'est l'école.

— L'apprentissage associatif : « L'apprentissage associatif regroupe différentes formes d'apprentissage qui se traduisent par la formation de liaisons ou associations nouvelles entre des stimulus et des réponses ou entre stimulus. » On distingue : l'apprentissage par essais et erreurs (cher à Freinet sur le plan pédagogique), l'apprentissage par conditionnement (soit le conditionnement classique du type pavlovien, soit le conditionnement instrumental ou conditionnement skinérien).

— L'apprentissage par l'action (qui intéresse particulièrement l'éducateur)[1] : « L'apprentissage par l'action concerne toutes les formes d'apprentissage où l'acquisition des connaissances peut être attribuée à l'action du sujet, source d'informations nouvelles. L'action elle-même est source de connaissances, ce qu'ont bien montré Piaget et Wallon. En manipulant les objets, l'enfant apprend à reconnaître les régularités du monde social et physique. Ces manipulations et leurs effets sont sources de questionnements provoquant ainsi de nouvelles investigations. Le questionnement peut être spontané, induit par l'activité propre du sujet, ou bien induit par l'environnement social (et pédagogique). Dans ce dernier cas, on parlera plutôt d'apprentissage par résolution de problèmes. »

— L'apprentissage par observation et par imitation. Toutes les formes d'apprentissage évoquées précédemment se réfèrent à une conception « de l'homme qui prend peu en compte l'importance de la culture dans le modelage des conduites... L'observation et l'imitation sont généralement considérées comme des éléments majeurs des processus interactifs permettant aux individus d'accéder à la culture des différents groupes sociaux dans lesquels ils sont amenés à être insérés au cours de leur vie : groupe familial d'abord, puis groupes scolaires et, enfin, groupes professionnels ».

1. Consulter sur ce point le livre de C. George, *L'apprentissage par l'action.*

— L'apprentissage coactif : « Dans le cas de l'observation ou de l'imitation, il y a généralement une dissymétrie entre les partenaires ; celui qui imite est généralement moins expert que le modèle (et nous ajoutons, comme c'est le cas dans la situation d'éducation, G. M.). Dans le cas de l'apprentissage coactif, les partenaires sont réunis et conduisent une activité finalisée par un but. Ce type de situation est en général considéré comme plus favorable à l'apprentissage que les situations où le sujet est seul face à une tâche. »[1] On reconnaît ici un des fondements de la pédagogie du travail en équipe.

— L'apprentissage par instruction et par tutorat : « L'apprentissage par instruction regroupe différentes formes d'apprentissage (tutorat, cours, travaux pratiques...) caractérisées par le fait qu'un expert ou un groupe d'experts a pour fonction de transmettre à des novices des connaissances qu'ils n'avaient pas au préalable... Les experts sont des professionnels généralement formés pour enseigner. Ils planifient la succession des informations, des activités, des contrôles qu'ils présentent aux élèves... Le rôle des tuteurs est double : transmettre des informations et aider les élèves à se les approprier pour en faire des connaissances. »[2] Ainsi le terme « instruction » renvoie-t-il plutôt à la fonction de « transmission-communication », alors que celui de « tutorat » renvoie plutôt à la fonction d'aide, de guidage ou d'assistance, ce qu'on entend actuellement par « médiation » (p. 471).

Resterait à examiner les mécanismes de l'apprentissage ; bien que cette question relève davantage de la psychologie générale que de la psychologie de l'éducation, nous devons nous y arrêter quelques instants.

1. Voir, en particulier : A. Baudrit, *Apprendre à deux. Études psychosociales de situations dyadiques.*

2. Voir A. Baudrit, *Tuteur : une place, des fonctions, un métier.*

Nous venons de voir que les formes de l'apprentissage sont extrêmement nombreuses ; les mécanismes d'apprentissage constituent-ils un réseau superposable à la grille décrite ci-dessus ? On peut répondre par la négative. « On postule, habituellement, qu'ils sont en nombre plus limité et qu'ils sont sélectivement et inégalement sollicités selon les objets à apprendre et selon les incitations du milieu extérieur. »

Selon les théories adoptées, les références peuvent être liées au système affectivo-relationnel, au système social ou au système cognitif.

— Ce sont les études cliniques qui ont tendance à privilégier le système affectivo-relationnel. « Ce type d'explication rend compte du fait que, lorsque le sujet rencontre des difficultés dans ses relations objectales (les relations avec les parents ou les enseignants par exemple), ou lorsqu'il ne parvient pas à maîtriser ses pulsions, il ait des difficultés à investir les domaines scolaires, ce qui provoque des échecs dans les apprentissages. » Nous avons déjà eu l'occasion de signaler cette situation au chapitre II.

— Les psychosociologues (voir Festinger et la notion de dissonance cognitive), les psychologues de l'enfant (Piaget et la notion de conflit cognitif) et beaucoup d'autres psychologues « évoquent les mécanismes permettant de rendre compte du fait que, confronté à des conduites ou des opinions différentes des siennes, le sujet aura tendance à les refuser ou à les adopter ». D'où l'intérêt des méthodes pédagogiques qui, permettant la discussion soit entre les élèves eux-mêmes, soit entre les adultes et les élèves, favorisent un apprentissage par dépassement ou non des conflits cognitifs.

— Les psychologues cognitivistes se focalisent principalement sur des mécanismes intellectuels endogènes. Ils en distinguent trois grandes classes :

— les mécanismes (en fait, assez mal connus) qui assurent une certaine automatisation des connaissances ;

— les mécanismes qui assurent le stockage des informations traitées par le sujet dans la mémoire à long terme ;
— les mécanismes « qui permettent d'engendrer des connaissances nouvelles à partir des informations disponibles ; les mécanismes connus sont : la catégorisation, le transfert analogique, l'émission et le test d'hypothèse ainsi que l'induction » (p. 481).

La connaissance de ces mécanismes permettent d'analyser les situations d'éducation et de donner une interprétation des données quantitatives obtenues par M. Altet.

De l'acte à la pensée (H. Wallon)

L'évolution psychologique consiste bien à passer, comme l'indique le titre de l'ouvrage fondamental d'Henri Wallon : *De l'acte à la pensée,* du plan de l'action à celui de la réflexion et à celui de l'abstraction. Toutes les activités scolaires ont bien pour finalité de conduire l'élève au plan de la représentation, c'est-à-dire qu'il devienne capable de se mouvoir sur le plan mental, aussi bien dans le temps que dans l'espace. Tous les psychologues de l'enfant se sont attachés, sur un plan général, à étudier ce problème[1]. Les travaux actuels de la psychologie cognitive nous apportent d'autres éléments d'analyse et d'interprétation.

L'observation des élèves au travail nous a amené à donner une description un peu naïve du cheminement tel que l'on peut, simplement, le décrire. Le schéma suivant indique les différentes étapes et quelques-unes

1. Voir, en particulier : J. Piaget, *La formation du symbole chez l'enfant,* et H. Wallon, *De l'acte à la pensée. Les origines de la pensée chez l'enfant.*

des nombreuses relations qui existent entre elles. On peut distinguer 5 étapes principales :

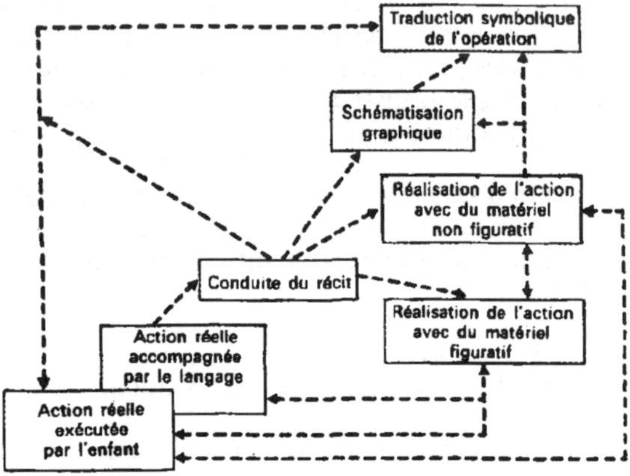

Première étape : l'action réelle qu'effectue l'enfant (et non celle que décrit le professeur).

Deuxième étape : l'action s'accompagne du langage : les actions sont exprimées dans un autre système que le système moteur : celui du langage ou d'un autre langage plus évolué (langage de programmation informatique, par exemple).

Troisième étape : la « conduite du récit », être capable de raconter l'action sans la faire.

Quatrième étape (qui peut être, dans certaines situations la 3e) : traduire l'action (ou le langage) au moyen de dessins, de schémas, de graphiques...). L'enfant apprend ainsi à prendre de la distance par rapport à l'action, se prépare aux analogies, aux transferts à d'autres situations voisines, en d'autres termes à la généralisation.

Cinquième étape : traduire son action à l'aide de symboles (cas des opérations mathématiques, par exemple).

Ces différentes opérations ne sont pas aussi nettement séparées et un va-et-vient s'organise constamment entre les différentes étapes ; il en est de même pour l'ordre, qui n'a pas la rigidité que peut suggérer le schéma. Mais ces processus sont à l'œuvre dans l'apprentissage de toutes les disciplines scolaires.

Les apports de la psychologie cognitive. — Il est difficile de résumer en quelques lignes les apports très importants de la recherche psychologique actuelle, mais, comme nous l'avons déjà dit, le psychologue de l'éducation, tout en étant attaché à l'analyse psychologique des conditions de l'acte éducatif, ne peut pas ignorer les lois générales du fonctionnement mental pour analyser les problèmes qui lui sont propres.

1 / Rôle de l'action du sujet et de la « construction » de son savoir. Ce problème a déjà été soulevé ci-dessus à propos de l'apprentissage ; l'action est nécessaire dans les processus de construction du savoir.

A l'opposition philosophique : « Au début était le Verbe » / « Au début était l'action » se sont substituées les analyses psychologiques dont Piaget et Wallon ont été parmi les plus éminents représentants. L'acquisition des connaissances ne se fait pas uniquement par réception mais par une action du sujet qui intègre les nouveaux savoirs aux anciens – ce qui ne va pas sans difficulté, et, sur ce point, il faut convoquer la pensée bachelardienne et la notion d'« obstacle épistémologique ». L'action d'un sujet ne se ramène pas à un problème de mécanique rationnelle : elle s'inscrit dans un projet, elle prélève de l'information sur le milieu et modifie celui-ci ; elle rééquilibre constamment, et ce quel que soit l'âge du sujet, l'ensemble des fonctions psychologiques ; ce que l'on appelle l'« expérience du sujet », c'est l'ensemble des connaissances acquises ainsi par l'action et les transformations psychologiques produites et intégrées à la personnalité du sujet. Une analyse précise du rôle de l'action est indispensable pour comprendre (voir ci-après) ce que l'on appelle les « méthodes actives », et le rôle de l'action réelle du sujet dans le processus éducatif permet de distinguer les méthodes pédagogiques les unes des autres.

2 / Rôle de l'interaction sociale. Nous avons déjà signalé l'importance de cette question à propos de l'apprentissage (voir ci-dessus). Jusqu'à l'avènement de la psychologie sociale, la psychologie avait pour but l'individu, indépendamment de son milieu. Les psychologues de l'enfant ont, depuis longtemps, mis en évidence l'importance du milieu social dans la formation de la personnalité. Des travaux plus récents nous éclairent sur ce point[1]. Les « pairs » sont source de connaissances, de savoirs, et les discussions (voir la notion de « conflit sociocognitif ») sont des éléments de restructuration, de prise de conscience, de progrès. La prise en considération de cet aspect de l'apprentissage est fondamentale pour comprendre les principes fondamentaux des méthodes tournées vers la vie sociale (voir ci-après).

3 / Le problème de la représentation : schèmes, concepts, champ conceptuel.

Les travaux de Gérard Vergnaud[2] aident le psychologue de l'éducation à mieux comprendre les maillons de la chaîne qui va de l'action à la représentation.

— Vergnaud insiste sur l'importance de la représentation (en opposition à une psychologie trop influencée par le behaviorisme) : « La fonction princi-

1. On pourra consulter, par exemple : M. Gilly, *Maîtres-élèves. Rôles institutionnels et représentations*, et, plus récemment, A. Baudrit, *Apprendre à deux. Études psychosociales de situations dyadiques.*

2. Voir, entre autres, G. Vergnaud, Concepts et schèmes dans une théorie opératoire de la représentation.

pale de la représentation... est de conceptualiser le réel pour agir efficacement... La représentation n'est pas un épiphénomène, une sorte de reflet après coup de l'action adaptative du sujet dans son environnement ; elle est, au contraire, fonctionnelle et indispensable au traitement par le sujet de nombreuses situations » (*op. cit.,* p. 245).

— Entre l'action et la représentation se trouvent les schèmes et les concepts. « Les schèmes organisent les conduites du sujet, à partir d'un découpage du réel en objets, propriétés et relations de différents niveaux, et en recourant à des prises de position sur le réel (théorème en acte). Ces actes de pensée sont de véritables décisions du sujet, des prises de parti, qui ne sont pas simplement déduites des régularités observées par le sujet : un invariant peut certes résulter des régularités observées par le sujet, il provient aussi d'une construction effectuée par le sujet à partir de ses propres analyses et hypothèses ». L'étude de la formation d'un concept, de son côté, exige nécessairement la prise en considération de trois ensembles[1] :

— « Concept (S, I, φ) :

S = ensemble de situations qui donnent du sens au concept,

I = ensemble des invariants opératoires associés au concept,

φ = ensemble des signifiants pouvant représenter le concept et les situations qu'il permet d'appréhender. »

« Les situations et les invariants sont des éléments communs aux schèmes et aux concepts. Par contre les représentations symboliques sont davantage le propre du concept que des schèmes, en ce sens qu'un concept est nécessairement explicite et donc associé à des

1. G. Vergnaud, Questions vives de la psychologie du développement.

signifiants langagiers ou symboliques, alors que le fonctionnement d'un schème ne requiert pas en général l'explicitation. »

D'où le schéma général des rapports entre la représentation et le réel :

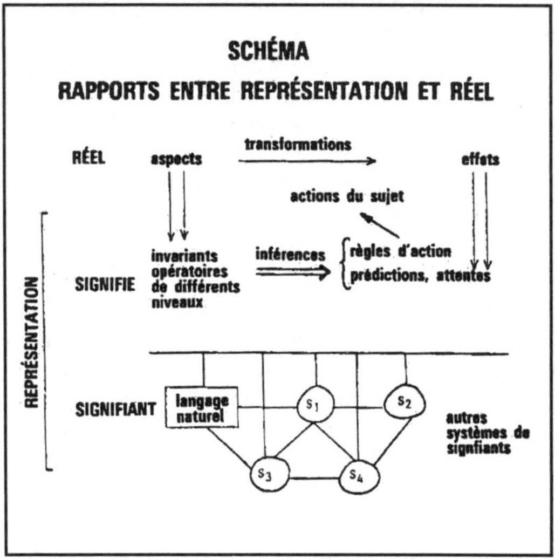

Chapitre IV

ANALYSE PSYCHOLOGIQUE DES MÉTHODES ET DES TECHNIQUES PÉDAGOGIQUES

Introduction

On n'a très souvent pris en considération, dans les analyses pédagogiques, que le rôle des contenus, celui de l'enseignant et, peu à peu, la dynamique des relations maîtres-élèves. On a souvent, et pendant longtemps, négligé le rôle psychologique joué par les méthodes et les techniques pédagogiques utilisées pour exercer l'action éducative. C'est sur ce point que nous voudrions nous arrêter au cours de ce chapitre.

Une méthode pédagogique constitue un cadre de référence à l'intérieur duquel s'organisent les relations professeur-élèves, les réactions psychologiques, psychosociales des uns et des autres, l'ensemble des processus d'apprentissage. D'autre part une méthode, comme son nom l'indique, donne des façons de procéder, de penser, de poser les problèmes ; donc des habitudes d'esprit qui marquent ceux qui la pratiquent. Les preuves scientifiques de la valeur de telle ou telle méthode sont difficiles à apporter parce que les effets définitifs de l'utilisation d'une méthode se font ressentir à courte, moyenne ou longue échéance ; mais sur certains points nous avons quelques résultats qui seront utilisés par la suite. Rappelons brièvement deux classifications des méthodes pédagogiques.

Classification des méthodes pédagogiques proposée par Jean Piaget[1]. — « L'une, fidèle aux vieilles traditions anglo-saxonnes, reste orientée vers un associationnisme empiriste ; ce qui réduirait toute connaissance à une acquisition exogène, à partir de l'expérience ou des présentations verbales ou audiovisuelles dirigées par l'adulte.

« La seconde est caractérisée par un retour imprévu aux facteurs d'innéité et de maturation interne (cela en bonne partie sous l'influence du linguiste Chomsky, lequel, malgré les processus transformationnels et donc en partie psychogénétiques qu'il reconnaît dans les grammaires, croit à l'existence d'un "noyau fixe inné" déterminant les structures de départ du langage, telles que la relation de sujet à prédicat) : en ce cas l'éducation reviendrait en bonne partie à l'exercice d'une "raison" déjà préformée au départ.

« La troisième est de nature constructiviste, c'est-à-dire sans préformation ni exogène (empirisme), ni endogène (innéité), mais par continuel dépassement des élaborations successives, ce qui conduit, sur le plan pédagogique, à mettre l'accent sur les activités en partie spontanées de l'enfant. »

Classification des méthodes résultant des recherches de Jean Drevillon. — Une analyse scientifique rigoureuse a été faite par Drevillon, analyse dont nous ne donnerons ici que les lignes générales de la méthode et les résultats obtenus[2].

A partir d'observations très bien codifiées, l'auteur utilise les techniques mises au point par F. Bacher qui analyse l'information à l'aide de clusters et de nébu-

1. J. Piaget, Fondements scientifiques pour l'éducation.
2. Voir J. Drevillon, *Pratiques éducatives et développement de la pensée opératoire.*

leuses. « Il s'agit d'établir des listes de variables voisines, c'est-à-dire liées simultanément à un nombre déterminé d'autres variables. Ainsi, à chaque variable on peut associer un catalogue de variables voisines. La comparaison de ces catalogues et la sélection de ceux qui comportent un certain nombre d'éléments communs permettent d'obtenir des "clusters" appelés phénoménaux.

« Ces clusters peuvent être regroupés en "nébuleuses" en fonction du nombre de variables qu'ils possèdent en commun. Et à l'intérieur de ces nébuleuses, on peut distinguer des "noyaux" dans lesquels des variations sont plus voisines et également en forte corrélation » (*op. cit.,* p. 193-194).

Après avoir analysé ces nébuleuses l'auteur en arrive à distinguer deux axes principaux de classification :

— l'axe qui distingue les méthodes actives des méthodes impositives ;
— l'axe qui distingue les méthodes flexibles des méthodes systématiques.

D'où cette classification en cinq catégories, résumée dans le schéma suivant :

a modalité « active-flexible » ;
b modalité « non impositive - systématique » ;
c modalité « impositive rigide » ;
d modalité « impositive flexible » ;
e modalité « mixte », difficile à placer dans une des autres catégories.

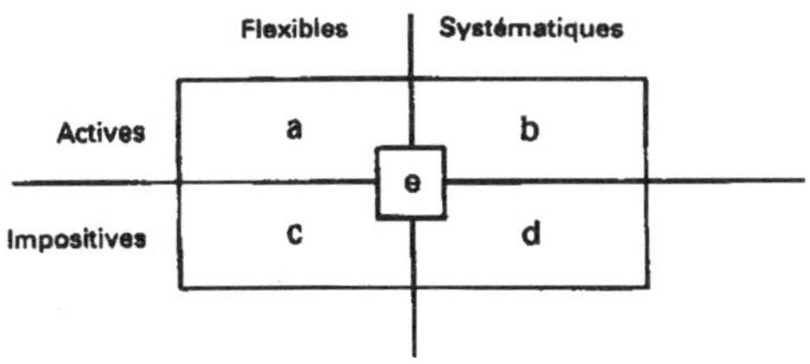

Méthode synthétique et méthode analytico-synthétique

D'une façon plus générale on a pu distinguer[1] les méthodes synthétiques et les méthodes analytico-synthétiques. Une définition très simplifiée (et un peu caricaturale) permettrait de dire :

— une méthode synthétique part des éléments les plus simples (ou considérés comme tels par l'adulte ou l'éducateur) résultant de l'analyse préalable, faite par l'adulte, du contenu à enseigner ; elle conduit alors les sujets à la reconstruction du réel à partir de ces éléments simples et amène à retrouver l'expérience des sujets ;

— une méthode pédagogique analytico-synthétique permet de se référer à l'expérience globale de l'enfant, de son vécu réel, et, de rapprochements en rapprochements, de comparaisons en comparaisons, aboutit à l'analyse de la réalité pour retrouver les schèmes, les concepts, les éléments constitutifs au moyen desquels les sujets pourront se livrer à la reconstruction synthétique du réel.

Le tableau ci-après résume, en les schématisant, les différentes caractéristiques de l'une et l'autre type de méthode (p. 49).

Méthodes actives

Un problème de terminologie doit tout d'abord être précisé afin d'éviter les discussions inutiles. « L'expression "méthodes actives" a été, à l'origine, mal construite... Le rapprochement du substantif "méthodes" et du qualitatif "actives" n'a, en fait, aucun sens si l'on se situe sur un plan rigoureux d'analyse... L'expression "méthodes actives" résulte

1. Voir G. Mialaret, *Pédagogie générale*, p. 228 et s., et *La psychopédagogie,* chap. 3.

Tableau comparatif des deux méthodes

Méthode analytico-synthétique	*Méthodes synthétiques*
1. Part de l'expérience globale de l'enfant, de son contact avec le réel. D'où une motivation en général assez bonne.	1. Part de l'élément abstraite plus ou moins isolé de son contexte. En général, il n'y a que peu de motivation spontanée ; l'éducateur doit créer une motivation plus ou moins artificielle.
2. Les processus d'observation, de rapprochements, de comparaisons et d'analyse font prendre conscience à l'enfant de la richesse et de la complexité du réel. Tous les aspects sont appréhendés sans être séparés les uns des autres.	2. L'étude des éléments abstraits appauvrit la connaissance du réel, celui-ci n'est appréhendé qu'à travers des cadres préétablis par l'éducateur, et la complexité du réel n'est pas perçue.
3. Les processus psychologiques impliqués par le processus éducatif sont isomorphes (voir les études de psychogénétique) et une adaptation plus facile du processus éducatif à chaque situation individuelle est possible.	3. Les processus psychologiques impliqués par le processus éducatif sont « logiques » et sont souvent en opposition avec l'évolution psychologique de l'élève ; d'où des blocages. L'individualisation du processus éducatif est plus difficile puisque l'ordre de déroulement du processus éducatif est établi par l'éducateur en fonction des objectifs qu'il se propose d'atteindre.
4. La notion de pluridisciplinarité et de travail d'équipe est rendue nécessaire par le processus éducatif lui-même ; d'où un développement des composantes sociales de la personnalité.	4. Les processus orientent davantage vers la juxtaposition (plus ou moins intégrante) des activités et vers un apprentissage individuel. La coloration générale du type des relations humaines est plutôt celle de la concurrence, de la compétition que celle de la collaboration et de la coopération.
5. La relation maître-élèves peut se faire au niveau du travail commun de recherche. Le maître sert d'exemple vivant des modes d'appréhension du réel et d'acquisition des connaissances.	5. Les relations maître-élèves se font au niveau de la relation « celui qui sait » à « celui qui ne sait pas ». Dans le processus éducatif, le maître a toujours raison.
6. La mise au contact de l'élève avec le réel permet de profiter des composantes émotives et affectives qui naissent spontanément. Enrichissement de la sensibilité.	6. L'étude des éléments abstraits est, en général, très pauvre sur le plan affectif. Le réel alors reconstruit est très souvent « inodore », « incolore » et « insipide ». Il faut artificiellement provoquer des réactions émotives.
7. Les applications à la pratique des connaissances acquises se font sans aucun décalage. L'union de la théorie et de l'action se réalise sans difficultés.	7. Il faut rechercher comment et où appliquer les connaissances acquises. Une séparation s'opère souvent entre théorie et pratique.

donc d'un raccourci ; elle signifie aujourd'hui *méthodes (et techniques) pédagogiques qui utilisent – et/ou qui provoquent – l'activité de l'élève*. Reste à définir ce que l'on entend par "activité". »[1] Nous avons sommairement distingué trois niveaux d'activité :

— l'activité qui n'engage pas l'ensemble de la personnalité et qui relève davantage du « mécanique » que du « biologique » ; elle semble gratuite, sans objectifs prédéfinis ; elle est davantage une gesticulation qu'une activité proprement dite ;
— l'activité réelle mais imposée de l'extérieur, soit par les conditions de milieu, soit par les circonstances, soit par l'adulte organisateur de la situation d'éducation. Exemple : exécuter correctement un ordre donné par l'adulte ;
— l'activité authentique qui met en œuvre toutes les forces vives, créatrices du sujet, et qui fait de lui un véritable agent de sa propre formation. Une activité authentique amène le sujet à répondre personnellement aux stimulations de l'éducateur et à dépasser celles-ci, à trouver, retrouver ou inventer le chemin des démarches psychiques qui conduisent à l'acquisition des connaissances ou à la résolution des problèmes.

L'éducateur devra donc constamment se demander quel type d'activité provoque la méthode pédagogique qu'il utilise. Un jeune enfant tape sur les touches d'un ordinateur pour le plaisir (activité niveau 1) ; les élèves de collège apprennent à se servir d'un ordinateur parce que c'est au programme (activité de niveau 2) ; les adolescents qui participent volontairement à un club d'informatique ont, en général, une activité de niveau 3.

La notion d'activité est très complexe et nous renvoyons le lecteur, pour une étude plus approfondie, aux ouvrages de psychologie et de physiologie. Une

1. G. Mialaret, *Pédagogie générale*, p. 230.

activité véritable, authentique, met en jeu les différents étages du système nerveux et l'ensemble de la personnalité du sujet. Le principe psychologique des méthodes actives est d'utiliser cette activité véritable, quand elle existe déjà, de la provoquer, de la stimuler dans les autres situations.

Méthodes organisant le travail individuel[1]

Une erreur à éviter : le travail individualisé ne consiste pas à faire faire, par chaque élève individuellement, ce que l'on demande à faire au groupe collectivement. Par principe, dans les formes collectives d'enseignement, chaque message envoyé par l'enseignant au groupe doit être reçu par chaque élève, ou, en d'autres termes, on impose à tous les élèves d'une classe l'acquisition, dans le même temps, de la même quantité de connaissances.

Le principe de la pédagogie du travail individualisé est de permettre à chaque élève d'acquérir une partie du programme prévu, selon son propre rythme d'acquisition et de compréhension, et, en cas de difficultés, d'avoir des exercices supplémentaires ou complémentaires pour aboutir au succès. Ce n'est qu'en fin du processus d'apprentissage que tous les élèves doivent avoir fait le même travail. Les modalités pédagogiques sont nombreuses : la notion de travail individualisé a évolué vers celle de travail « personnalisé », de travail autonome, de travail indépendant, de travail assisté d'un ordinateur...

Quelques aspects psychologiques du travail individualisé.

— Le psychologue insiste sur l'importance du rythme individuel dans les processus d'apprentissage

1. Voir, pour plus de détails, G. Mialaret, *Pédagogie générale*, p. 235-239 ; R. Dottrens, *L'enseignement individualisé*, et H. Bouchet, *L'individualisation de l'enseignement, l'individualité des enfants et son rôle dans l'éducation.*

et de compréhension. Imposer à l'élève, quel que soit son âge, un rythme qui n'est pas le sien, c'est le prédisposer à l'échec. Tous les travaux actuels sur les processus d'apprentissage confirment ces affirmations.

— Le travail individualisé (et cette possibilité trouve son épanouissement maximum avec l'ordinateur) permet, grâce à une évaluation formative, de repérer rapidement les erreurs, de les analyser pour en retrouver la/les cause/s, de les corriger et de trouver des exercices complémentaires pour conduire au succès.

— Les techniques contemporaines du travail individualisé ont une autre composante psychologique : l'élève, pouvant choisir plus librement son travail (dans le cadre général de l'activité de la classe), a le sentiment d'être le facteur de sa propre formation : d'où une motivation plus forte pour le travail à exécuter.

— Indirectement, le travail individualisé, permettant à chacun de travailler selon son propre rythme, va libérer l'enseignant qui pourra mieux se consacrer aux élèves qui rencontrent des difficultés ; d'où une amélioration des relations professeur-élèves.

Quelques dangers à signaler :

— La liberté laissée à l'élève de choisir son propre itinéraire peut conduire à une solution de facilité : on ne choisit que ce qui est facile ou d'exécution rapide, et on contourne les obstacles au lieu d'apprendre à les surmonter.

— L'élève ne choisit que les thèmes de travail qui l'intéressent et néglige ceux qui peuvent avoir une grande importance pour la suite des études. La motivation est réduite à son expression actuelle et perd de ses visées à longue échéance. L'apprentissage de l'effort est réduit au maximum et l'on peut se demander si l'une des composantes de l'action éducative n'est pas sacrifiée.

Méthodes orientées vers le développement des composantes sociales de la personnalité

Alors que les aspects psychologiques des méthodes étudiées précédemment ne s'intéressaient pas particulièrement aux composantes sociales de la personnalité, d'autres méthodes : de Sanderson en Angleterre, de Dewey et Kilpatrick aux États-Unis, de Tobler en Suisse, de Cousinet en France, de Petersen en Allemagne, prennent principalement en considération les composantes sociales de la personnalité pour organiser leur action éducative[1]. Elles se présentent sous des modalités pédagogiques différentes mais les principes sous-jacents sont pratiquement identiques :

— le *Project Method* (terme employé dès 1908 dans l'enseignement agricole américain et repris par Kilpatrick en 1919) ;
— le travail en équipe de Cousinet, ou méthode de travail libre par groupes ;
— le « Plan d'Iéna » imaginé par Petersen, qui est une réaction contre le système de la classe et le principe de sélection des élèves ;
— l'ensemble des techniques Freinet ;
— les mouvements de coopérative scolaire, caractérisés par une autogestion effective, la poursuite collective de tâches résolument pratiques, le surgissement de valeurs nouvelles à l'occasion de ces tâches et du fait de ces tâches ;
— les mouvements conduisant à la pédagogie institutionnelle dont le principe « consiste à remettre entre les mains des élèves tout ce qu'il est possible de leur remettre... l'ensemble de la vie, des activités et l'organisation du travail » (Lobrot) ;

1. Le lecteur trouvera des compléments pédagogiques sur toutes ces méthodes dans R. Dottrens, *Le progrès à l'école : sélection des élèves ou changement des méthodes ?* (en particulier p. 61-79), les livres de R. Cousinet, de C. Freinet, de M. Lobrot et G. Mialaret.

— on pourrait ajouter à cette liste toutes les méthodes et techniques de ce que l'on appelle l' « étude du milieu » qui, en général, se fait en équipes.

Pour Robert Dottrens, le travail en équipes développe, chez les élèves qui le pratiquent, deux composantes essentielles de la personnalité : le sens de la responsabilité et le sens de la solidarité.

« Responsabilité : l'individu, sans aliéner sa personnalité, bien au contraire, est amené à concevoir qu'il est responsable, selon ses moyens, du résultat final du labeur collectif : il doit donner toute sa mesure.

« Solidarité : il faut que les membres du même groupe s'entendent et harmonisent leur action... il faut tacitement ou explicitement fixer le but à atteindre et les moyens à employer, il faut établir une discipline commune, des règles d'action auxquelles chacun doit se soumettre parce que la "conscience collective" du groupe le commande et commande à chacun de consentir aux sacrifices nécessaires » (*op. cit.,* p. 62-63).

Un ouvrage assez ancien (1935) de A. Jakiel a longtemps servi de référence ; il s'agit d'une thèse préparée à la suite des recherches effectuées par la division des recherches du Bureau international d'éducation de Genève. Les études de psychosociologie, l'étude des groupes... ont pris le relais pour mettre en évidence le rôle du groupe dans la formation de la personnalité.

L'observation de classes dans lesquelles est pratiquée une méthode de travail par équipe (ou des formes indiquées ci-dessus) nous permet d'ajouter les points suivants :

— Le développement de la personnalité de l'élève se fait en fonction de son propre équipement génétique, des milieux dans lesquels il a évolué, de ses expériences propres. La composante sociale (voir en particulier les travaux de Wallon) est trop souvent négligée dans l'enseignement magistral habituel où la coopération entre les élèves est pratiquement exclue. Les formes de travail prenant en compte les composantes sociales de la personnalité répondent à une nécessité du développement psychologique de l'élève.

— Les sources du savoir ne sont plus, comme elles l'étaient il y a un siècle la Famille, l'Église, le Maître à l'école. Tous les psychologues de l'enfant et les psychosociologues ont montré que le rôle des « pairs » était important dans le développement de la personnalité. Les techniques de groupe favorisent les échanges entre élèves, la coopération intellectuelle, la résolution des « conflits sociocognitifs »... L'échange d'expériences vécues par chaque élève, les explications données par les uns et par les autres (voir travaux de Piaget sur ce point), favorisent les divers apprentissages.

— Ajoutons aussi que le travail en groupe développe des attitudes qui seront particulièrement nécessaires au citoyen de demain qui vivra dans une société où le travail en équipe sera de plus en plus une nécessité.

Les techniques audiovisuelles

Les problèmes soulevés par l'utilisation des techniques audiovisuelles sont assez différents, aujourd'hui, de ce qu'ils étaient lors de l'apparition de l'image animée dans les familles et dans les écoles. Même les adultes, au début de la période du cinéma moderne, avaient quelques difficultés à suivre le fil de l'histoire quand le montage du film utilisait des retours en arrière, des montages d'histoires parallèles ou autre figure du langage cinématographique. Ces difficultés, qui étaient liées à la nouveauté de la technique sont, en grande partie, atténuées de nos jours ; la pratique quotidienne de la télévision dans les familles (voir le nombre d'heures passées par les enfants devant le poste familial !) a rendu familières aux enfants (et aux adultes) les modalités d'écriture audiovisuelle. Il n'en reste pas moins que les quelques problèmes que nous allons évoquer maintenant, même s'ils trouvent souvent une solution, existent encore chez beaucoup de sujets :

Les distorsions subies par les cadres mentaux de l'espace et du temps. — La découverte et la connaissance du monde par l'enfant sont liées, dans les premières années de sa vie, à ses activités psychomotrices. L'acquisition du langage introduit alors les possibilités de penser dans un espace mental qui n'est plus celui de l'animal. L'apprentissage de la lecture lors des premières années de la scolarité, et la poursuite de cette activité fondamentale pour un être humain, permettent alors de se mouvoir dans un espace mental qui dépasse, et de beaucoup, l'espace réel et restreint de l'environnement immédiat. Mais le document écrit, avec sa stabilité, sa permanence, permet de se poser des questions, de ré-articuler un récit que l'auteur avait, pour satisfaire à des besoins littéraires, morcelé et introduit dans un ordre qui n'était pas celui de la réalité. Le retour au texte, soit pour y chercher une nouvelle information, soit pour relire un passage non immédiatement compris, soit pour reprendre les démarches de la logique de l'auteur... est toujours possible ; d'où la dialectique constante du lecteur entre ce qu'il lit et ses efforts de compréhension du message. La compréhension du texte résulte de cette activité fondamentale pour le lecteur. C'est bien là, par ailleurs, un des objets de l'explication de texte.

La compréhension d'une séquence d'images animées (récit du cinéma ou de la télévision) requiert les mêmes processus mentaux, mais ceux-ci diffèrent de ceux de la lecture sur les points suivants :

— ils doivent se faire à une vitesse beaucoup plus grande que dans le cas de la lecture. Dans le cas de la lecture, la vitesse est choisie par le lecteur lui-même ; dans le cas de l'image animée, la vitesse est imposée (situation générale). Toutes les fonctions psychiques doivent suivre le rythme imposé : perception, compréhension du langage, reconstitution du récit ;

— il est impossible, comme dans le cas de la lecture, de retourner au texte, puisque celui-ci (sauf dans le cas d'une bande vidéo) a disparu de l'écran. D'où un appel à des souvenirs qui peuvent être, évidemment, plus ou moins fiables. Tous les problèmes soulevés par la non-fiabilité des témoignages se retrouvent ici.

Les cadres de l'espace et du temps, qui s'étaient progressivement constitués au cours de l'activité enfantine, cadres qui étaient liés à une logique de l'action, considérée aussi bien sur le plan des lieux que sur l'échelle des temps, conduisaient l'enfant à prendre conscience de certains « axiomes » de la pensée : les actions se déroulent dans un certain ordre ; les espaces, tout en étant liés entre eux, sont différents mais contigus ; on ne peut pas en même temps se trouver à la fois dans un lieu et dans un autre ; il y a des distances entre les lieux et il faut un certain temps pour parcourir, c'est-à-dire pour aller d'un point à un autre... Toutes ces acquisitions se trouvent brutalement mises en défaut, puisque, par la magie du cinéma ou de la télévision, on passe brutalement de Paris à New York, de Singapour à Madrid... et ce dans l'espace de quelques secondes ! Le même président d'un pays est vu dans sa propre capitale puis, dans la seconde qui suit, en visite à l'autre bout de la Terre. On comprend que les adultes, au début de l'ère cinématographique, aient été quelque peu perturbés. Aujourd'hui, dit-on parfois, les enfants s'y sont habitués ; disons plutôt qu'ils ne ressentent pas, comme les adultes, les distorsions introduites par la technique ; c'est peut-être ce qui est le plus grave ; que devient une vie mentale construite en référence à des cadres « élastiques » ?

Perception globale et reconstruction de la réalité par l'intermédiaire du langage. — L'image, qu'elle soit fixe ou animée, donne au spectateur (élève ou adulte) une vision globale et relativement complète de la réalité. La vue d'un port en action est beaucoup plus riche que toutes les descriptions, et ce quelle que soit la valeur scientifique ou esthétique, de l'expression verbale. Sans le support visuel l'élève doit reconstruire, à l'aide du langage qu'il entend – mais qu'il ne comprend pas toujours parfaitement – la réalité, la situation ou le phénomène que l'on est en train de lui expliquer. On pourrait en dire autant des perceptions auditives : une pièce de musique en dit souvent autant et plus qu'un long discours ; les airs révolutionnaires, la musique de Sibelius ou d'Albeniz sont, respectivement, autant de descriptions de l'époque révolutionnaire française, des pays nordiques ou des pays ibériques.

L'enseignant qui s'adresse verbalement à des élèves qui n'ont pas encore atteint un stade suffisant de la représentation mentale, risque de parler dans le désert. Selon les âges et selon les situations d'éducation, les fonctions de l'image (fixe ou animée) ne sont pas toujours les mêmes : elles peuvent être de présentation, de suggestion, d'illustration, d'explication, d'interprétation...

Rapidité de la perception et de la compréhension. — C'est une banalité de dire que les processus psychiques ont une durée (mesurable par ailleurs) et que, si la vitesse de réception imposée par les stimulations ne correspond pas à la vitesse personnelle d'intégration psychique, les stimulations extérieures n'ont aucun effet sur le psychisme du sujet, exactement comme une goutte d'eau glisse sur une surface huilée. Une autre analogie pourrait aussi être utilisée : celle de la compréhension d'une langue selon le débit de l'interlocuteur ; au-delà d'une certaine vitesse (et cela est surtout vrai pour ceux qui ne possèdent pas parfaitement la langue), l'auditeur ne se raccroche qu'à certains mots qu'il reconnaît et perd la signification de l'ensemble. Cela est aussi vrai pour les jeunes enfants qui ne maîtrisent pas encore suffisamment leur langue maternelle, ou la langue utilisée par l'enseignant.

Confusion entre vision, reconnaissance, information, connaissance, savoir. — « Oui, je l'ai vu à la télé ! », répond l'élève à l'adulte qui lui pose une question sur tel ou tel fait, ou phénomène. Et l'élève croit avoir bien répondu. Il croit savoir parce qu'il a vu et qu'il se rappelle l'avoir vu (niveau de l'information). Savoir n'est pas seulement avoir vu, mais c'est être capable de mettre en relation avec autre chose, d'expliquer, de transférer... L'utilisation de techniques audiovisuelles en classe exige donc un travail complémentaire d'explication, d'analyse, d'intégration sans lequel l'élève en reste au niveau du « J'ai vu à la télé » et n'intègre pas ce qu'il a vu à ses connaissances, à ses façons de penser. Le savoir est « plaqué » et non « construit » (voir chapitre précédent).

Reconstitution d'un récit. — Premier exemple : compréhension d'un récit raconté grâce à une séquence d'images fixes.

Dans le cadre de l'apprentissage du français langue étrangère par les méthodes audiovisuelles, on a utilisé des films fixes pour présenter, illustrer, accompagner, expliquer... les dialogues constituant une leçon. Nous nous sommes posé la question : Est-ce que les enfants comprennent bien l'image et peuvent-ils établir une relation de concordance entre le langage visuel et le langage verbal ? Pour répondre expérimentalement nous avons choisi trois récits afin que les élèves, successivement interrogés individuellement, ne puissent raconter aux autres camarades ce qu'ils venaient de voir et de commenter[1]. L'analyse des réponses des élèves met bien en évidence les difficultés rencontrées dans la compréhension du récit visuel et les difficultés d'établir les rapports avec le langage oral. L'expérience a porté sur 212 élèves.

Les trois petits films peuvent être ainsi résumés :

L'histoire de la balle (11 images, 2 personnages : le garde du jardin et un enfant). Un garde gronde un enfant qui est monté sur une pelouse interdite. Le petit garçon lui explique que sa balle a roulé sur la pelouse et qu'il est allé la chercher. Le garde lui dit de ne pas recommencer.

L'histoire du bateau (8 images, 3 personnages : le garde et deux enfants). Deux enfants jouent au bord d'un bassin avec un bateau. Le bateau s'éloigne. Les enfants essayent de le rattraper avec un bâton. Un garde arrive ; il a peur que les enfants tombent à l'eau. Il prend le bâton et attrape le bateau ; les enfants le remercient.

L'histoire du coup de pelle (8 images ; 3 personnages : le garde et deux enfants). Un garde console un enfant qui pleure. L'enfant lui dit qu'un autre enfant l'a battu avec sa pelle. Le deuxième enfant nie et accuse le premier d'avoir commencé. Le garde réfléchit et rend la justice.

Pour que le support visuel soit pertinent et efficace pour l'apprentissage de la langue, il faut que l'enfant soit arrivé à un certain stade de l'interprétation de l'image. Nous avons repris les distinctions classiques de Binet sur la vision des images : stade de l'énumération, de la description, de l'interprétation. Exemple pour la première histoire :

— type énumération : il y a un agent et un petit garçon ;

1. Voir G. Mialaret et Cl. Malandain.

— type description : l'agent fait « ça » avec la main ;
— type interprétation : l'agent appelle le petit garçon.

Nous ne pouvons pas entrer dans le détail de l'analyse des résultats (et, en particulier, des quelques différences entre les films) ; donnons simplement un tableau général de quelques résultats (% de types de réponses) :

	Cours			
	CE1	*CE2*	*CM1*	*CM2*
Énumération	25,3	4,5	2,56	0,5
Description	23,5	31,1	25,4	15,6
Interprétation	51,1	64,1	71,9	83,7

L'âge de l'interprétation est bien celui du CM. Résultats que doivent connaître les enseignants qui utilisent des images soit pour l'acquisition du vocabulaire ou pour le développement du langage oral.

Recherches sur la compréhension d'un récit cinématographique. — Toutes les techniques audiovisuelles utilisent de nouvelles formes de communication et donc, un langage particulier.

Avec M.-G. Bellet-Melies, nous avons essayé d'étudier expérimentalement la question en construisant 3 films de six à sept minutes, chacun ayant deux parties communes : le début et la fin et, au milieu, un sujet traité de trois façons différentes[1]. Le synopsis des trois films est le même : nuit de pleine lune ; une petite fille qui dormait, seule dans sa chambre, se lève, va prendre dans son coffre à jouets une bougie qu'elle y avait cachée. Elle allume la bougie, traverse la maison endormie et monte au grenier. Elle trouve dans une

1. Voir, pour plus de détails, G. Mialaret, *Psychopédagogie des moyens audiovisuels dans l'enseignement du premier degré.*

malle un tutu et des chaussons de danseuse. Elle s'habille et se met à danser. Sa mère l'entend et monte. En dansant la petite fille casse une potiche qui se trouvait sur une console. La mère intervient, rhabille l'enfant, la reconduit dans sa chambre et la couche. La petite fille s'endort en serrant sur son cœur la rose qu'elle portait au corsage de son tutu de danseuse.

Le premier film ne comporte que des plans d'ensemble ; les personnages sont vus constamment « en pied ». Le second film introduit des changements d'échelle (plan, gros plans...), des champs et des contrechamps, un montage parallèle simple. La troisième version utilise toutes les figures du langage cinématographique : ellipse temporelle classique, fondu-enchaîné, utilisation des procédés de la caméra subjective...

Quelques résultats :

— Nous avons mis en évidence la non-concordance des difficultés techniques et des difficultés psychologiques. On pouvait penser, *a priori*, qu'un fondu-enchaîné, qu'un changement d'échelle de plan, qu'un champ-contrechamp, du fait même de leur difficulté technique, constituaient une difficulté de compréhension pour les jeunes spectateurs. Ce n'est pas toujours le cas.

— Tous les résultats des entretiens ont parfaitement montré que la compréhension d'une action par l'enfant était une véritable reconstruction (résultats déjà, et depuis longtemps, indiqués par les psychologues).

— Une difficulté particulière : l'impossibilité, presque totale chez tous les enfants, de situer, les uns par rapport aux autres, les divers éléments du décor. Que ce soit au moyen de photographies, de maquettes ou de croquis (pour les grands), nous n'avons pas pu obtenir une description correcte des lieux où se déroulait l'action[1].

1. Ces résultats doivent amener les enseignants à réfléchir sur les difficultés de compréhension des films soit de géographie, soit d'histoire par exemple.

Comment, alors, bien comprendre un récit cinématographique si l'on ne domine pas le langage utilisé ?

Une des plus importantes recherches, en ce domaine, est celle conduite sous la direction de René Zazzo[1].

Bien qu'anciens, les résultats suivants sont importants à considérer ; s'il est vrai que la familiarité des enfants actuels avec le cinéma et la télévision favorise, peut-être, une meilleure compréhension des récits, il y a des données psychologiques qui ne varient que peu. Heuyer et R. Zazzo sont d'accord sur les points suivants :

« Au-dessous du niveau mental de 9-10 ans l'enfant peut comprendre la succession des séquences mais ne comprend pas leur signification... Une seule séquence de 4 plans est comprise à l'âge de 7 ans. Mais l'enfant ne peut comprendre la succession des 20 ou 30 séquences qui constituent un grand film... C'est seulement à partir de 9-10 ans qu'il peut suivre la succession des séquences. A un niveau mental de 10-12 ans l'enfant peut saisir l'enchaînement des séquences et ne peut en saisir la signification. C'est à partir de 12 ans d'âge mental que l'enfant peut en général saisir le film dans son ensemble et qu'il devient capable d'en extraire l'idée générale » (*op. cit.,* p. 178-179).

Et R. Zazzo, tirant les conclusions de l'expérience, précisera : « ... il faut se demander ce qui peut gêner l'enfant dans sa compréhension... Des raisons d'un autre ordre interviennent pour gêner ou empêcher la compréhension d'une suite d'images constituant un tout logique. Nous constatons une non-reconnaissance de l'image ou une reconnaissance imparfaite. Certains éléments, d'autre part, sont totalement inconnus et, par conséquent, ne peuvent être identifiés. Parfois les éléments reconnus dans un ensemble ne le sont plus quand ils apparaissent en gros plan, et

1. R. Zazzo, Une expérience sur la compréhension du film.

réciproquement. Les effets de perspective, les jeux d'ombre et de lumière gênent et parfois empêchent la perception exacte. Ainsi l'ignorance et l'inexpérience des enfants jointes aux caractères mêmes de l'image projetée sont-elles causes d'erreurs nombreuses et grossières et viennent-elles empêcher la compréhension de l'ensemble du récit ou de certaines de ses parties, donc rendent sa reconstitution impossible... Même lorsque le récit est reproduit avec exactitude, les faits sont relatés sans que soient établies leurs relations causales ou temporelles. Dans certains cas on a une suite d'affirmations sans aucun lien causal apparent » (*op. cit.*, p. 180). Et l'auteur affirme, en explicitant sa pensée : « Mais je voudrais dégager cette constatation, contradictoire, paradoxale, que le film comparé à d'autres moyens d'expression paraît à la fois beaucoup plus facile et beaucoup plus difficile à comprendre » (p. 182).

Les technologies modernes

Les matériels d'enseignement ont évolué depuis la naissance de l'école : tableau noir, boulier compteur, bureau typographique, les descendantes de la machine à calculer de Pascal, les calculettes, l'ordinateur... et ont envahi tous les domaines de l'enseignement : du calcul simple aux mathématiques les plus élevées, de la mathématique aux autres disciplines : littéraires, artistiques, scientifiques... Nous engloberons donc, dans ce même chapitre, tous les moyens modernes et, plus particulièrement, ceux qui sont liés à l'ordinateur.

Nous avons examiné, précédemment, les problèmes psychologiques posés par l'introduction de l' « image » dans l'enseignement. L'apparition, le développement, l'utilisation de l'ordinateur au sein des processus éducatifs permettent de résoudre un certain nombre de problèmes tout en en soulevant d'autres.

Les fonctions de l'ordinateur au sein de la classe. — Il nous semble possible de les ramener à quatre principales, que nous présentons séparément pour les besoins de l'exposé mais qui ont, entre elles, de nombreuses relations :

— une fonction ludique sur laquelle nous ne nous étendrons pas ;
— une fonction d'apprentissage que nous analyserons plus en détail ;
— une fonction de gestion des informations qui intéresse surtout l'enseignement du second degré et les adultes ;
— une fonction de création, susceptible de fonctionner à tous les niveaux de l'activité.

Une fonction d'apprentissage. — Où sont les neiges d'antan ?, dirait Villon. Quel chemin parcouru depuis l'apparition, il n'y a que quelques décennies, de « l'enseignement programmé », des premiers « tuteurs », de l'EAO (enseignement assisté par ordinateur) ! Les progrès foudroyants de la technique moderne, l'apparition des ordinateurs dont la mémoire se mesure maintenant en « gigas » ont transformé l'horizon pédagogique et, par là, posé de nouveaux problèmes au psychologue de l'éducation. Nous nous contenterons donc de donner quelques exemples de recherches (plus ou moins rigoureuses par ailleurs, parce que les préoccupations pédagogiques d'innovation et les affirmations qui en découlent se mêlent encore trop souvent aux exigences de la recherche scientifique).

L'ordinateur qui parle et l'apprentissage du langage écrit et du langage oral[1]. Les expériences menées par l'équipe dirigée par Rachel Cohen sur l'utilisation de la synthèse vocale sont riches d'enseignement et montrent

1. R. Cohen, *Quand l'ordinateur parle...*

en quoi un nouvel instrument pédagogique peut bouleverser à la fois les méthodes et les conceptions générales que l'on peut avoir des relations de l'oral et de l'écrit. Au-delà de tous les habituels problèmes psychologiques posés par l'introduction de l'ordinateur dans une classe, « l'ordinateur qui parle » amène l'éducateur et le chercheur à se demander s'il ne faut pas mettre en cause la séquence d'apprentissage lecture-écriture et s'il ne faut pas mener de front, comme le suggère l'auteur, l'acquisition simultanée du langage écrit et du langage oral (p. 31). « Il faut écrire pour lire », affirme l'auteur qui rapproche cette nouvelle forme d'apprentissage du « tâtonnement expérimental guidé » cher à Freinet. Grâce aux possibilités de l'ordinateur, l'enfant peut écrire et l'ordinateur prononce ce qui a été écrit ; d'où un contrôle immédiat et une liaison directe entre l'écrit et l'oral. Cohen se réfère à des recherches faites par Olson (1989) et Olofsson (1988), et qui « montrent clairement que la conscience phonologique obtenue à partir de l'écoute d'un synthétiseur est un facteur de progrès... et que parallèlement, l'habilité du décodage phonologique se développe » (p. 219). Il s'agirait donc de nouvelles façons de construire la langue écrite, par des voies différentes pour chaque enfant. Le développement de ces « ordinateurs qui parlent » permettra de faire une analyse psychologique plus poussée des nouveaux processus d'apprentissage, peut-être inconnus jusqu'à maintenant.

L'apprentissage du « traitement de textes ». — Nous rencontrons l'utilisation des traitements de textes au niveau de l'enseignement du second degré. Ici encore, de nouveaux processus d'apprentissage sont en jeu et la psychologie de l'éducation voit se dérouler devant elle un très large champ d'investigation. Il faut bien reconnaître que nous ne disposons encore que de peu d'études scientifiques sur ce sujet, alors que dans quelques années la plupart des élèves utiliseront un traitement de textes ; et c'est bien là un domaine très caractéristique de la psychologie de l'éducation : on introduit de nouvelles techniques dans la classe ; quelles en sont les répercussions psychologiques ?

Une récente étude de Pascal Marquet[1] a essayé d'analyser les processus d'apprentissage du traitement de texte en se référant à une forme de raisonnement analogique, en utilisant soit le modèle de la machine à écrire, soit le modèle de la machine à imprimer. Des situations pédagogiques expérimentales ont été constituées et les résultats ont été analysés d'une façon statistique aussi rigoureuse que possible, afin de vérifier ou non l'hypothèse selon laquelle l'utilisation d'un modèle analogique du traitement de texte est supérieure aux méthodes classiques d'enseignement. Les résultats ne sont pas significatifs, mais de tels travaux ouvrent la voie à une analyse psychologique expérimentale des processus d'apprentissage induits par l'utilisation de nouvelles techniques.

Fonction de gestion des informations et la simulation.

La gestion des données : la mise en mémoire des données, leur regroupement et leur mise en ordre dans des fichiers exige de l'élève une nouvelle forme d'activité psychologique de recherche : celle qui utilise les « mots clés ». Savoir trouver les mots clés nécessaires à l'utilisation d'une banque de données revient à être capable d'imaginer les concepts fondamentaux qui se réfèrent au sujet qui intéresse. C'est être capable d'imaginer les modalités diverses d'un classement. Rechercher une référence bibliographique n'est pas un acte automatique qui consiste à appuyer sur des boutons pour trouver la solution : c'est savoir dis-

1. P. Marquet, Enseigner le maniement du traitement de texte par analogie avec ses ancêtres techniques. Effets sur l'efficience immédiate et les conceptions d'utilisateurs débutants.

cerner les divers champs historiques, cognitifs, sémantiques, philosophiques... auxquels peut appartenir la citation, l'article ou le livre recherché. C'est une activité psychologique qui n'était pas, en général, utilisée dans l'enseignement classique magistral.

La simulation : Les possibilités de l'ordinateur ouvrent de nouvelles perspectives en ce qui concerne une des formes du raisonnement expérimental : celui qui est mis en œuvre dans la situation de simulation.

Dans une des classes que nous avons visitée, les élèves avaient à réfléchir sur le problème de l'alimentation d'eau dans une ville. Le professeur avait fourni la documentation nécessaire[1] et demandé aux élèves quelle allait être la situation de l'office des eaux quand la ville allait recevoir 500 nouvelles familles ? Toute la classe se livra alors à une analyse des variables à connaître et à analyser : quantité moyenne d'eau nécessaire à une famille, quantité d'eau nécessaire pour une douche, pour un bain, pour le lave-vaisselle, pour le lave-linge... C'est dire que le travail préparatoire d'analyse remplaçait celui que les élèves ont à faire devant une expérience. Comment trouver toutes les informations qui manquaient ? Comment les coder, les introduire dans le programme de calcul de la quantité d'eau, quelles peuvent être les variations en fonction de la saison, du niveau socio-économique des familles... ? Quelles sont toutes les questions (en fait les hypothèses) que l'on peut et que l'on doit se poser ? Quelle est la fiabilité des résultats ?

En fait, comme on peut le constater, une telle activité exige un type de raisonnement prospectif très voisin du raisonnement expérimental. La possibilité de faire varier facilement les données permet d'enrichir l'énumération et la vérification des hypothèses émises.

1. Nous ne donnons ici qu'une partie de l'observation.

Fonction de création.

Les possibilités d'organisation de l'espace (type d'écriture, dimension des caractères, disposition générale, introduction de graphiques, de dessins...) laissent une très grande liberté à celui qui veut réaliser une œuvre écrite à l'aide de l'ordinateur ; et nous laissons de côté toutes les autres possibilités d'illustration, de dessin, de peinture, de création musicale aujourd'hui offertes par les matériels nouveaux. Les enseignants commencent à découvrir toutes ces richesses. A notre connaissance, peu d'études scientifiques ont été menées sur ce sujet dans la perspective de la psychologie de l'éducation.

Et que dire maintenant des « multimedia » et du rôle qu'ils peuvent jouer dans les processus d'apprentissage ? Dans un ouvrage récent[1], un chapitre est consacré à « la construction des connaissances par le multimédia » (p. 181 et s.), et l'auteur insiste sur le rôle que joue la contiguïté, c'est-à-dire l'effet de présentation simultanée des textes et des images sur la construction des connaissances. Il est vrai que le traitement visuel des informations et le traitement verbal renvoient à des modalités sensorielles différentes, ce que tous les éducateurs savent depuis longtemps. Le problème fondamental est de savoir (et sur ce point les recherches de la psychologie cognitive sont encore assez limitées) comment s'effectue la construction d'une nouvelle représentation intégrant les données sensorielles diverses, et comment ces nouvelles représentations, à leur tour, s'intègrent au psychisme, permettent les phénomènes de transfert, et quelles sont alors les nouvelles caractéristiques des nouveaux savoirs ainsi construits.

1. A. Grimont, *Apprendre avec le multimédia. Où en est-on ?*

Chapitre V

ANALYSE PSYCHOLOGIQUE DES CONTENUS. PROBLÈMES PSYCHOLOGIQUES DES DIDACTIQUES

Introduction

La grande révolution « copernicienne » (E. Claparède) de Jean-Jacques Rousseau a consisté à modifier la direction du regard de l'éducateur et à passer de la centration sur le savoir à l'analyse des problèmes psychologiques posés par l'acquisition de ce savoir. En fait, c'était substituer à l'analyse logique du savoir l'analyse psychologique de ce qui se passait chez l'apprenant (terme moderne utilisé par nos collègues québécois).

Le mouvement dynamique actuel des « didactiques » traduit bien les effets de cette révolution copernicienne ; il insiste, en effet, sur la triple analyse psychologique nécessaire :

— de la matière à transmettre à l'élève (notions, concepts, démarches psychiques nécessaires ou induites par les contenus...) ;

— des aspects psychologiques de l'apprentissage (réception de l'information, assimilation, transferts, applications....) ;

— des modifications des structures psychiques qui résultent de ces apprentissages et de l'évaluation de ces modifications.

Analyse générale des activités scolaires

Une nouvelle forme d'analyse des contenus a donc été développée ; nous prendrons comme exemple celle de Pierre Higelé[1]. Cet auteur se réfère explicitement aux théories de J. Piaget pour lequel les stades principaux de l'évolution enfantine sont les suivants :

— le stade sensori-moteur, de la naissance à 2 ans ;
— le stade préopératoire, de 2 à 7-8 ans ;
— le stade des opérations concrètes, de 7-8 à 11-12 ans ;
— le stade des opérations formelles, de 11-12 ans à 15-20 ans.

Et l'auteur analyse les différentes activités requises par telle ou telle activité scolaire sans jamais oublier de les resituer dans le cadre de l'évolution psychologique de l'élève ; c'est dire que, selon le stade d'évolution où se situe l'élève, la fonction analysée se présente sous des modalités différentes.

L'analyse porte sur l'ensemble des activités scolaires (langue maternelle, mathématiques, sciences, histoire, géographie, activités physiques et artistiques...) et sur tous les niveaux, de l'école maternelle jusqu'à la fin de l'école élémentaire. Beaucoup d'indications sont, par ailleurs, valables pour le collège.

P. Higelé retient 15 opérations cognitives depuis le stade préopératoire jusqu'au stade des opérations formelles[2] :

— *Correspondance terme à terme :* « On recouvre sous cette appellation le lien que fait l'apprenant entre deux termes inclus dans un énoncé, ou entre un terme de l'énoncé et un de la question posée à sa suite, ou encore entre deux objets lorsque l'exercice

1. P. Higelé, *Construire le raisonnement chez les enfants. Analyse critique des exercices.*

2. Toutes les citations suivantes sont extraites du chapitre V du livre cité.

comporte une manipulation. » Exemple : 6 phrases sont proposées ainsi que 6 dessins ; l'élève doit trouver le dessin correspondant à chaque phrase.

— *Effectuer la somme de parties* (opérations logiques à distinguer de l'addition en tant que technique de calcul). Cette opération logique consiste à mettre ensemble des éléments d'un ensemble, qu'il s'agisse d'objets ou de nombres.

— *Les opérations topologiques :* « Ces opérations permettent la construction de l'espace. Elles apparaissent au niveau préopératoire et prennent en compte les rapports qualitatifs d'une figure. L'enfant, à ce niveau, ne peut encore tenir compte ni de la mesure ni des distances. Les éléments caractéristiques de ces opérations sont :

— le voisinage, qui correspond à la proximité des éléments situés dans un même champ. On situe deux objets proches l'un de l'autre ;
— la séparation d'éléments voisins ;
— la succession spatiale, c'est-à-dire la possibilité d'établir un rapport d'ordre dans lequel se situent des éléments voisins ;
— l'entourage ou enveloppement : un élément est situé à l'intérieur d'un autre, dans un espace à trois dimensions ;
— la continuité : c'est la perception que les lignes et les surfaces sont continues dans l'ensemble du champ perceptif. »

— *La sériation :* c'est l'opération qui permet un classement allant du plus petit au plus grand ou inversement. « Cette opération peut concerner deux, trois termes ou davantage ; l'augmentation du nombre de termes fait passer l'opération du niveau préopératoire au niveau concret. »

— *La classification :* c'est une opération très générale et très souvent utilisée mais dont le niveau psychologique varie en fonction du nombre de critères à utiliser : il s'agit de regrouper des éléments selon des critères communs. En fait c'est la construction de tableaux à *n.j* cases. Dès l'école maternelle on peut demander à un enfant de classer des fleurs selon un critère : la couleur par exemple, selon deux critères : la couleur et la forme des feuilles, pour en arriver, au niveau supérieur, aux classifications botaniques.

— *La relation de cause à effet :* « Il s'agit du rapport direct entre cause et conséquence qui se traduit par "si j'ai A, j'ai B". C'est une opération très courante qui se rencontre dans de nombreux textes mais également dans des raisonnements mathématiques. »

— *L'inclusion :* « Elle se rapporte à l'emboîtement d'une classe dans une autre. C'est une des formes de la classification », mais sa difficulté tient au fait que l'enfant doit considérer un objet comme appartenant à la fois à deux classes différentes. C'est un autre niveau plus complexe que celui de la sériation où, déjà, un objet devait être considéré, à la fois, comme plus grand qu'un autre et plus petit qu'un autre.

— *La notion de complémentarité :* c'est la notion que l'on trouve en arithmétique pour considérer que la soustraction est l'inverse de l'addition et que de $7 = 4 + 3$ on peut en tirer $4 = 7 - 3$ et $3 = 7 - 4$ (voir ci-après l'expérience sur les opérations simples). Cette opération peut aussi s'appliquer à des objets ou à des ensembles qui ne sont pas forcément numériques.

— *La construction des grands nombres :* en fait, il ne s'agit pas d'une opération cognitive au sens strict du terme mais d'un processus qui permet à l'élève de passer du stade du nombre lié à une collection concrète, au nombre connu par sa construction mathématique (voir ci-après, p. 100) ; on connaît les différences de résultats dans la solution d'un problème selon que les données restent à l'intérieur d'un champ pouvant correspondre à une image concrète pour l'enfant ou que l'on utilise un grand nombre qui ne correspond qu'à une entité mathématique. Alors qu'un jeune enfant est capable de dire quel est le nombre qui vient après 7, il n'est pas capable de dire quel est le nombre qui vient après 4367.

— *Les situations de conservation :* les travaux de Piaget sur la conservation des quantités ont étonné beaucoup d'éducateurs et de parents. Et, pourtant, les expériences sont probantes. En présence d'une boule de glaise à laquelle on fait subir des transformations (aplatissement, division, écrasement...), l'enfant, au stade préopératoire, reste dominé par ses impressions perceptives et ne peut pas affirmer que la quantité de matière reste la même au travers des différentes transformations. Il en est de même pour les liquides[1]. On trouve cette opération à l'œuvre dans beaucoup d'autres domaines que celui des sciences et des mathématiques (voir, par exemple, les problèmes soulevés par l'utilisation du cinéma à l'école, traités au chapitre IV).

— *Opération de substitution :* cette opération, qui relève du niveau des opérations concrètes, est très fréquente aussi bien en mathématiques que dans le domaine de l'utilisation des textes et en grammaire. Exemple : Quand, dans un texte décrivant un enfant on dit : « ses copains le trouvent sympathique », il faut remplacer mentalement « le » par « enfant » et ne pas confondre « le » pronom personnel et « le » article. La compréhension des textes fait très souvent appel à cette opération de substitution.

— *Espace projectif et espace euclidien*[2] *:* s'inscrivant dans la trajectoire des mathématiques dites modernes, Piaget a montré que l'évolution psychologique de l'enfant suivait un ordre inverse de celui de la présentation de la géométrie à l'école ; l'enfant commence par un stade topologique avant d'atteindre le stade de

1. Voir, en particulier : J. Piaget et B. Inhelder, *Le développement des quantités chez l'enfant* ; J. Piaget et A. Szeminska, *La genèse du nombre chez l'enfant.*

2. J. Piaget et B. Inhelder, *La représentation de l'espace chez l'enfant.*

l'espace « projectif » puis celui de l'espace « euclidien ». « L'espace projectif permet la coordination des points de vue. En d'autres termes, il rend possible le déplacement mental et donc la faculté d'imaginer ce que voit une autre personne placée, par exemple, en face de soi... L'espace euclidien, quant à lui, est fondé sur la notion de distance et permet de situer les objets par rapport à un système de coordonnées. Il conserve les distances, les longueurs et les angles, quelles que soient les apparences. » C'est, en géographie par exemple, le passage de l'image (photographique ou cinématographique) au plan. En fait, c'est passer d'un plan d'une représentation à un autre, c'est être capable de se mouvoir dans des espaces mentaux différents. On retrouve cette opération à l'œuvre dans un très grand nombre d'activités scolaires.

— *L'implication :* cette opération permet de comprendre le lien qui existe entre deux événements ou deux faits, lien qui ne se réduit pas à la relation cause-effet. L'auteur distingue trois cas différents qui peuvent se présenter selon la question posée : rapport de cause à effet, cas « non » de l'implication, cas « on ne peut pas savoir » de l'implication. Mais, ici encore, la compréhension de ce lien correspond à des niveaux cognitifs assez différents. On trouve de nombreuses situations dans lesquelles l'opération d'implication est utilisée et, en particulier, dans les règlements. Exemple donné par Higelé : « Le règlement indique que : il est interdit de jeter des cailloux dans la cour. Le jour où il y a de la neige et que les élèves jettent des boules de neige, est-ce interdit ? » Le commentaire de l'auteur est intéressant et montre bien la difficulté d'analyser avec une grande précision les opérations psychologiques et de comprendre les réactions des élèves.

« L'élève peut simplement répondre que le règlement parle de cailloux et qu'il n'a pas jeté de cailloux, c'est-à-dire qu'il a cherché une correspondance entre le mot “caillou” du règlement et son action. Cette correspondance ne pouvant pas se faire, il considère que le règlement ne s’applique pas. Il a donc fonctionné au niveau préopératoire (correspondance terme à terme).

« Mais si l’élève justifie que, puisque le règlement est muet sur les boules de neige, il est autorisé à en lancer, il utilise une des caractéristiques du stade formel, à savoir que tout ce qui n’est pas contradictoire avec l’énoncé est possible. Il fait alors le raisonnement suivant : “J’ai le droit de jeter des boules de neige car si je n’en avais pas le droit, l’interdiction serait précisée dans le règlement.

“Si je n’ai pas le droit de le faire (proposition A), alors c’est interdit dans le règlement (proposition B).

“Si ce n’est pas interdit de le faire (proposition non B), alors je peux le faire (proposition non A).”

« Il s’agit ici du cas de “non” de l’implication » (*op. cit.,* 181).

Toute compréhension et interprétation de texte suppose la mise en œuvre de la fonction « implication » si l’on veut approfondir et saisir correctement la pensée de l’auteur.

— *La combinatoire :* cette opération, qui consiste à donner toutes les combinaisons possibles d’un certain nombre d’éléments, nous ramène à la Règle cartésienne de l’énumération. Les mathématiciens distinguent les permutations des combinaisons. Au cours d’un raisonnement, qu’il s’agisse de mathématiques ou d’un autre domaine, il est très souvent nécessaire, pour pouvoir tirer une conclusion valable, de connaître tous les cas possibles, toutes les possibilités de combinaison des éléments de la situation. Si nous reprenons l’exemple précédent, on voit que pour pouvoir discuter de la valeur du règlement il faut être capable de faire l’inventaire de tous les cas possibles afin que le sujet puisse dire : « Puisque ce cas, qui appartient à la classe de tous les cas possibles, n’est pas signalé dans le règlement, cela équivaut au fait que j'ai le droit de le faire. »

— *La proportionnalité :* ici encore les travaux de Piaget ont bien montré que cette notion ne se développait pas réellement avant le stade des opérations formelles, bien que les élèves puissent résoudre des situations concrètes en mettant en œuvre l'opération de proportionnalité avant cet âge. On peut aussi dire que cette opération est couramment utilisée dans la vie pratique, même si la notion mathématique de proportionnalité n'est pas explicitement requise : la ménagère qui compare le prix de la boîte de 6 yaourts à celui de la boîte de 8 yaourts utilise, inconsciemment peut-être, la notion de proportionnalité.

Higelé précise bien que ces 15 opérations ont été retenues parce qu'elles apparaissent le plus fréquemment dans les activités scolaires, mais il insiste sur le fait :

— qu'elles ne sont pas les seules et que la liste n'est pas exhaustive ;
— que l'opération doit toujours être considérée par rapport au stade d'évolution psychologique du sujet. La notion de complémentarité, par exemple, peut être utilisée au niveau des opérations concrètes ($7 = 4 + 3$ et $4 = 7 - 3$), puis au stade des opérations formelles ($a + b = c$; $b = a - c$), et plus tard au niveau de l'étude plus générale des propriétés mathématiques de réversibilité.

Une telle analyse met bien en évidence la différence essentielle qui existe entre deux formes d'action pédagogique :

— La pédagogie classique s'intéressait essentiellement à l'analyse du contenu dans la perspective de sa logique propre : comment présenter « logiquement » – pour l'adulte – une notion. Le sujet ne pouvait qu'enregistrer et répéter ce qui lui avait été dit puisque l'ordre « logique » lui était imposé. Ne pas accepter, ne pas comprendre, ne pas utiliser l'ordre logique conduisait à l'échec scolaire. Améliorer l'apprentissage, pour l'enseignant, c'était améliorer la présentation pédagogique ou améliorer l'analyse de la matière à enseigner.

— L'orientation nouvelle, sans oublier l'analyse logique de la matière à enseigner, se tourne vers les opérations psychologiques requises ou mises en œuvre pour l'apprentissage de telle ou telle notion scolaire. Les difficultés ne sont pas à rechercher dans la concordance ou non des processus de l'élève avec ceux du professeur, mais dans la différence de niveaux et la difficulté des opérations requises pour l'apprentissage. Améliorer l'apprentissage, c'est diagnostiquer les opérations psychologiques qui sont – ou non – bien reconnues et utilisées.

A propos de la lecture[1]

Les problèmes psychologiques posés par l'apprentissage de la lecture sont intéressants à étudier dans une double perspective : celle de l'évolution des paradigmes scientifiques et celle de la spécificité de la psychologie de l'éducation.

1 / Sans faire ici l'histoire des études scientifiques de la lecture il faut pourtant rappeler les grandes étapes :

— toutes les études physiologiques sur les mouvements visuels[2] dont nous ne reparlerons pas ici ;
— la grande querelle des « méthodes » : la méthode syllabique contre la méthode globale.

Puis, après le Congrès de l'AIPELF[3] de 1966, les problèmes de l'apprentissage sont un peu laissés de côté ;

1. Étant donné les dimensions de ce livre, nous ne pouvons pas nous livrer à une analyse psychologique de chacune des matières scolaires. Nous n'en choisirons que quelques-unes à titre d'exemple.

2. Voir, sur ce point, G. Mialaret, Psychologie expérimentale de la lecture, écriture et dessin, in *Traité de psychologie expérimentale*.

3. AIPELF : Association internationale de pédagogie expérimentale de langue française.

il faudra attendre, en France, les travaux d'Inizan, de Foucambert et de Fijalkow pour obtenir une nouvelle vague de recherches scientifiques à ce sujet. Aujourd'hui, ce sont les travaux tels que ceux de Sprenger-Charolles qui font l'actualité.

C'est à cette époque que la phonétique, la linguistique connaissent un très grand essor et que l'étude de l'apprentissage des langues et de la lecture profite des apports de ces disciplines (voir, en particulier, tous les travaux du CREDIF pour l'enseignement de la langue française).

Un autre courant lié au développement de l'ordinateur et de l'informatique va enrichir nos concepts et nos méthodes de recherche[1]. Non seulement des méthodes d'apprentissage utilisent l'ordinateur comme technique pédagogique, mais encore les immenses possibilités de cet instrument permettent des mesures, des évaluations, des analyses plus fines qui étaient jadis impossibles à faire : mesure des temps de réaction des sujets, enregistrement de ces mêmes réactions... Et, dans cette même perspective, toutes les recherches sur l'intelligence artificielle vont donner lieu à de nouvelles notions, à de nouveaux concepts et modèles. On voit apparaître, dans les analyses, les notions de lexique mental, de processus d'adressage, d'assemblage, de conscience phonologique... La notion de « modèle d'acquisition » (permettant de rendre compte de la reconnaissance des mots écrits chez le lecteur adulte) réapparaît : les modèles « à double voie », les modèles par analogie et les modèles connexionnistes[2]. P. Lecocq[3], de son côté, remarque que, « dans la littérature relative à l'apprentissage de la lecture, on relève deux gran-

1. Voir, par exemple, R. Cohen, *Quand l'ordinateur parle... Utilisation de la synthèse vocale dans l'apprentissage et le perfectionnement de la langue écrite.*

2. Voir Sprenger-Charolles et Casalis, chap. II.

3. P. Lecocq, *La lecture. Processus, apprentissage, troubles.*

des classes de modèles : les modèles à stades ou à étapes d'acquisition et les modèles componentiels structuraux. Les premiers visent à rendre compte en termes de développement des différentes phases par lesquelles passe l'enfant lors de ses premiers contacts avec l'écrit. Les seconds, qui s'inspirent des modèles de traitement de l'information de la psychologie cognitive, s'efforcent de mettre en évidence l'architecture du système de traitement dans une tâche complexe comme la lecture, tentent de définir sa dynamique développementale et ses caractéristiques différentielles et utilisent les modèles de vraisemblance maximum pour identifier les relations causales entre les composantes et le niveau d'expertise atteint. »[1]

1 / Toutes ces évolutions vont pouvoir être analysées grâce au développement de la psychologie cognitive qui va constituer le cadre général de toutes les recherches et de toutes les interprétations. Mais, rappelle très justement Noizet[2] : « Un modèle de fonctionnement du lecteur adulte ne peut pas être considéré *ipso facto* comme un modèle de l'acquisition de la lecture. Il serait donc imprudent de tirer à partir de ce que la psycholinguistique nous apprend sur le fonctionnement du lecteur adulte, des conclusions en ce qui concerne l'apprentissage. »

On assiste donc bien à une modification des paradigmes scientifiques relatifs à l'apprentissage de la lecture.

2 / Toutes ces recherches, aussi bien sur la lecture que sur l'apprentissage de la lecture, mettent en évidence la difficulté de séparer ce qui est réellement propre à l'apprentissage de la lecture (l'authentique composante psychologie de l'éducation), de toutes les recherches – particulièrement intéressantes par

1. Voir P. Lecocq, p. 136 et s.
2. G. Noizet, *Apprentissage et Pratique de la lecture à l'école.*

ailleurs –, sur les processus de lecture ; très souvent on oscille entre la prise en considération de la méthode d'apprentissage utilisée (et voir ci-après quelle est notre position à ce sujet) et l'analyse plus générale des processus, sans tenir compte des méthodes utilisées, ni même, quelquefois, des caractères spécifiques de la langue considérée (français, anglais, allemand). Tout en utilisant, quand cela sera nécessaire, les résultats de portée générale des recherches scientifiques, nous nous efforcerons de nous en tenir à la définition de la psychologie de l'éducation que nous avons donnée au chapitre I ; c'est dire que les paragraphes suivants ne sont pas consacrés aux problèmes psychologiques de la lecture mais, plus spécifiquement, aux problèmes psychologiques des méthodes d'apprentissage et des processus psychologiques mis en œuvre chez les enfants en période d'apprentissage.

3 / *Analyse psychophysiologique de l'acte de lecture*[1].

On trouvera une analyse détaillée des processus psychophysiologique de la lecture et de l'écriture dans l'article très riche de R. Husson[2], « Mécanismes cérébraux du langage oral, de la lecture et de l'écriture ».

Nous rappelons, une fois encore, que les processus de lecture étudiés sur les adultes ne doivent pas servir de modèle aux processus d'apprentissage de la lecture chez le jeune enfant.

4 / *Exemple de recherche sur la lecture dans la perspective d'une psychologie de l'éducation*[3].

Les auteurs sont partis du constat suivant : « Si l'on souhaite améliorer la lecture et intervenir dès la 1re année d'école primaire, qui est une période déci-

1. Voir G. Mialaret, in *L'Univers de la psychologie.*

2. R. Husson, *Mécanismes cérébraux du langage oral, de la lecture et de l'écriture.*

3. M. Pierret, Cl. Lemoine, Aide cognitive et psycho-sociale à la lecture en première année d'école primaire : fluidité et attention focalisée.

sive, il faut d'abord rechercher ce qui distingue les enfants qui comprennent des autres et repérer les opérations déficientes au cours de l'activité même afin de ne pas appliquer un soutien indifférencié à tout le monde. Dans un second temps, il s'agit

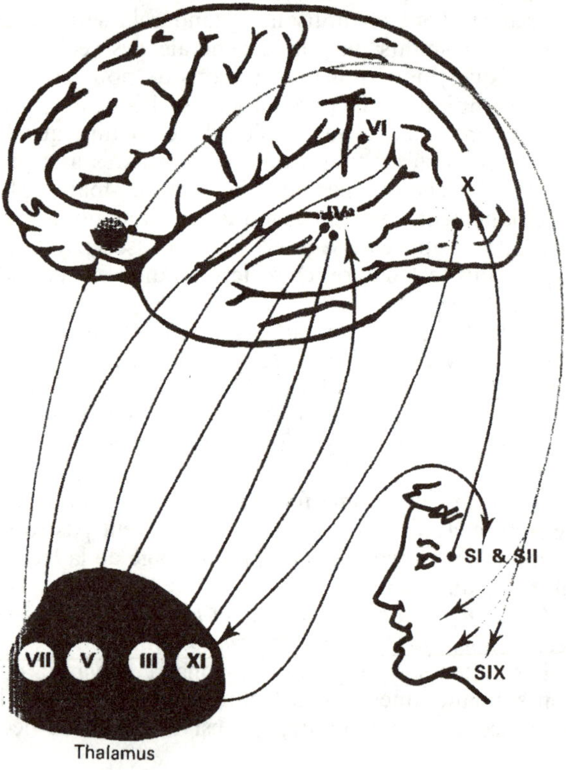

Lecture à haute voix en comprenant ce qu'on lit

d'élaborer un programme d'action particulier... » (*op. cit.*, p. 24). Dès lors les auteurs mettent l'accent « sur deux facteurs complémentaires : l'analyse ou pensée convergente et l'anticipation ou pensée divergente, consistant à produire des propositions à partir d'un élément inducteur ». Les deux facteurs sont

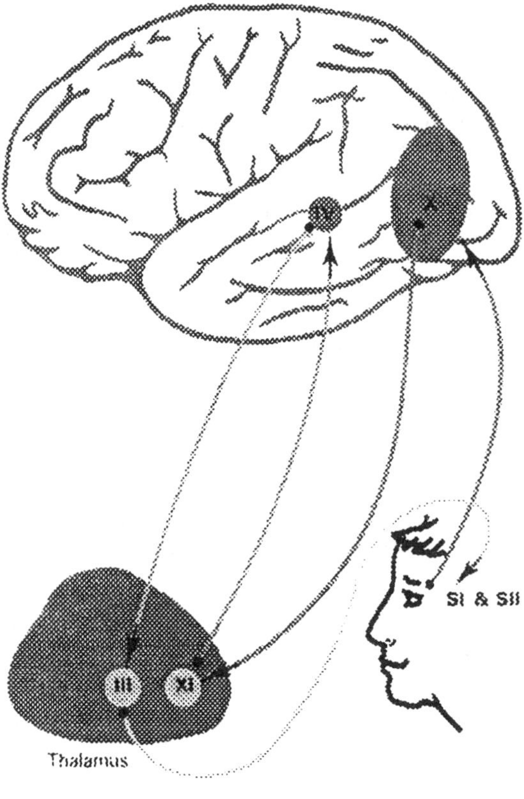

Lecture de tête en comprenant ce qu'on lit

analysés et mesurés au moyen d'épreuves adaptées[1]. De plus, les auteurs tiennent compte des relations sociales de l'enfant avec son entourage. La phase « action » comportait 5 séances individuelles (environ de 40 minutes chacune) étalées sur dix semaines. Le plan de comparaison comprenait 5 groupes expérimentaux :

— les faibles en indice I (n = 11) apprenaient à repérer des points communs, des différences, des changements d'objets dans des dessins, à sélectionner une image, à colorier un mot à rechercher, à noter une différence entre deux mots presque semblables ;
— les faibles en fluidité F (n = 11) s'entraînaient à imaginer des dessins juste ébauchés, à compléter des débuts de mots, à commenter des photos ou des images utilisées comme formes inductrices ;
— ceux en difficulté sur les deux facteurs IF (n = 10) avaient un programme mixte combinant les exercices de I et de F ;
— des enfants sans problème en indice et en fluidité mais faibles en lecture L (n = 10) suivaient le même nombre de séances mais sans travail particulier : ils pouvaient dessiner librement, choisir des photos, découper, écouter des comptines, parler au psychologue ;
— un groupe d'enfants (n = 10) faibles aussi en lecture ne recevait pas de soutien et formait un groupe témoin (T) ;
— les autres enfants (n = 74) issus des mêmes classes et plus forts en lecture constituaient le groupe (G) hors expérience.

1. Nous renvoyons, pour plus de détails sur la technique, le lecteur intéressé à l'article cité ci-dessus.

L'ensemble des résultats est donné dans le tableau suivant :

	I	*F*	*IF*	*L*	*T*	*G*
			Sc. avant			
Indices	0,7	2,5	0,7	2,4	1,7	2,1
Fluidité	11	5,3	5,0	10,1	8,5	9,0
Lecture	3,5	4,0	3,2	3,7	4,2	6,8
			Sc. après			
Indices	3,5	3,3	2,9	3,3	3,5	3,3
Fluidité	8,5	7,4	8,0	7,7	7,6	8,5
Lecture	6,3	7,3	6,7	6,9	6,1	7,3
Ap-Av						
Indices	2,8 (5,4)	0,8 (0,61)	2,2 (2,6)	0,9 (1,1)	1,8 (1,7)	1,2
Fluidité	– 2,5 (– 1,3)	2,1 (0,66)	3,0 (1,5)	— 2,4 (– .77)	-0,9 (– .25)	– 0,5
Lecture	2,8 (1,4)	3,3 (2,3)	3,5 (1,6)	3,2 (1,1)	1,9 (0,83)	0,5

Note : entre parenthèses se trouve un indice de la taille de l'effet : Map-Mav/σ. (Map : moyenne après ; Mav : Moyenne avant).

Les résultats[1] montrent que « les enfants de tous les groupes ont augmenté leur score en lecture, mais les sujets ayant bénéficié d'une aide différenciée ou d'une attention particulière ont nettement progressé ».

Les méthodes d'apprentissage (et/ou) de déchiffrage et leurs aspects psychologiques[2].

1 / *Brefs rappels de définition des méthodes d'apprentissage.* Tout le monde est pratiquement d'accord

1. Nous renvoyons, ici aussi, le lecteur à l'analyse détaillée des résultats.

2. Nous laissons de côté, évidemment, tous les aspects pédagogiques et psychopédagogiques. Voir, sur les aspects pédagogiques, G. Mialaret, *L'apprentissage de la lecture.*

pour dire qu'il n'y a, en fait, que deux grandes catégories de méthodes[1] :

— Les méthodes de type *synthétique (syllabique, phonique, phonomimique)* « qui engagent l'apprentissage de la lecture à partir de l'identification des sons (phonèmes) représentés par une lettre ou un groupe de lettres (graphèmes) en vue d'arriver à l'union (fusion par synthèse) d'un ensemble de phonèmes pour constituer (lire) un mot, une phrase ».

— Les méthodes de type *analytique,* dites aussi *globales,* qui engagent l'apprentissage de la lecture plus directement à partir du langage parlé. Elles présentent à l'élève des unités significatives (phrases, mots), l'invitent à les identifier dans des représentations graphiques et à en comprendre le sens. Depuis Decroly, le représentant le plus éminent de ce courant, les méthodes globales ont évolué vers une démarche analytique plus précise en amenant progressivement les élèves, par des procédés divers, à des comparaisons, des décompositions pour retrouver les éléments constitutifs : phonèmes, syllabes, lettres.

Dans la pratique, les éducateurs empruntent, pas toujours avec beaucoup de pertinence, des éléments, des démarches aux deux grandes méthodes ; on parle, alors, de méthodes *mixtes.* On peut d'ailleurs remarquer que dans chacune des méthodes « pures » on retrouve, avec des équilibres et à des moments différents c'est vrai, à la fois des processus de synthèse et des processus d'analyse.

Si l'on se place sur le plan scientifique, il faut se poser la question dans les termes suivants : Comment peut-on caractériser (qualitativement et quantitativement) chacune des méthodes afin de pouvoir les intégrer comme *variables indépendantes* dans un modèle d'analyse scientifique ? Cette démarche est souvent

1. Voir G. Mialaret, *Vocabulaire de l'éducation,* article Méthode pédagogique, méthodes d'apprentissage de la lecture.

absente, et les comparaisons faites par les chercheurs entre les « méthodes » sont encore souvent marquées au sceau d'un impressionnisme se référant à des idées ou théories pédagogiques générales, à des connaissances plus ou moins précises des méthodes et de leur application dans les classes.

2 / *Analyse des méthodes d'apprentissage sous l'angle psychologique.* A quelques décennies de distance et avec les progrès de la recherche en psychologie cognitive, on peut estimer que les analyses faites il y a environ un demi-siècle sont relativement naïves, simples pour ne pas dire simplistes. Elles étaient plus le résultat de l'analyse psychologique personnelle et subjective que le résultat d'une analyse scientifique rigoureuse, malgré les efforts des auteurs pour la recherche d'une certaine objectivité. Pour ne pas reprendre tous les aspects développés par les uns et par les autres[1], nous nous contenterons de rappeler deux schémas qui essayent de traduire les démarches psychologiques de l'enfant soumis à l'une ou à l'autre de ces méthodes[2].

A cette époque on mettait l'accent sur les conditions psychologiques nécessaires à l'apprentissage de la lecture (les prérequis de nos amis québécois) et, en particulier, sur les niveaux suffisants de structure du temps et de l'espace (voir les travaux d'Ajuriaguerra).

Puis est venu le courant dont Jean Foucambert est le plus typique représentant : c'est l'irruption de la recherche du sens qui doit être au centre de l'apprentissage de la lecture[3]. Dès 1976 l'auteur affirme : « L'écriture est le langage de l'œil... Or, lire, c'est communiquer par le regard » et l'enfant ne doit pas être contraint de transformer l'écrit en oral, comme si toute communication passait par l'écoute. L'essentiel de la lecture, c'est la recherche du sens du texte.

1. On consultera les ouvrages classiques en ce domaine tels que Decroly, Dottrens et Margairaz, Mialaret, Freinet...

2. Voir G. Mialaret, *L'univers de la psychologie.*

3. J. Foucambert, *La manière d'être lecteur. Apprentissage et enseignement de la lecture, de la maternelle au* CM2.

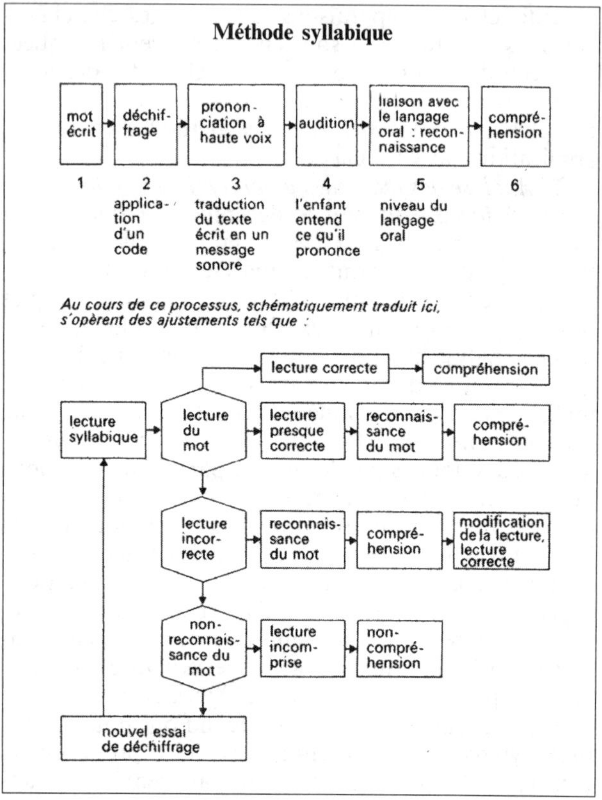

Aujourd'hui le concept de *conscience phonologique*[1] a été mis en évidence, et, pour plusieurs cher-

1. On entend par *conscience phonologique* « la capacité des enfants à repérer dans la parole des unités de segmentation inférieures aux mots (rimes, syllabes, phonèmes) qui vont leur permettre de comprendre les relations existant entre le langage parlé et l'écriture dans les systèmes d'écriture phonographique », Weil-Barais, p. 294. D'autres auteurs Sprenger-Charolles, en particulier, préfèrent utiliser le terme de « capacités métaphonologiques » pour définir les différentes formes de sensibilité aux unités de segmentation non signifiantes de la langue orale : entre autres, les syllabes et les phonèmes (p. 14).

Méthode globale

Première phase :

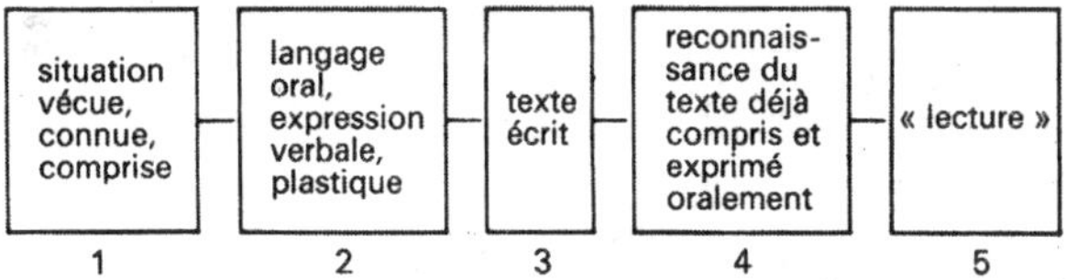

L'enfant se trouve en possession de plusieurs textes qu'il sait reconnaître et « lire ». A ce niveau, il ne s'agit pas de lecture au sens habituel du terme mais de la traduction d'un message écrit (complexe = une phrase) en un message oral (reproduction de la phrase). En fait, l'enfant doit établir la liaison entre les éléments de gauche et les éléments de droite du schéma ci-après :

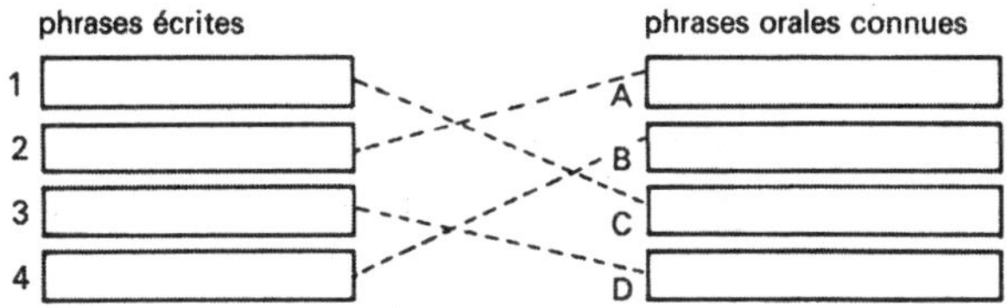

Seconde phase :

Une fois les relations solidement établies entre les éléments de l'ensemble (phrases écrites) et de l'ensemble (phrases orales connues), l'enfant va procéder à la double analyse de ces deux ensembles.

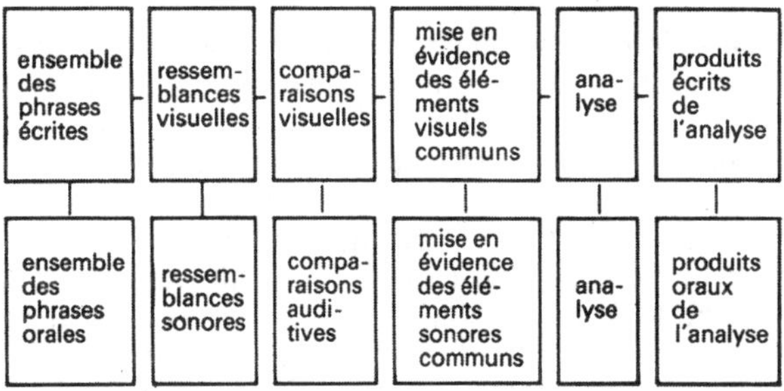

...

…

Troisième phase ou phase analytico-synthétique :

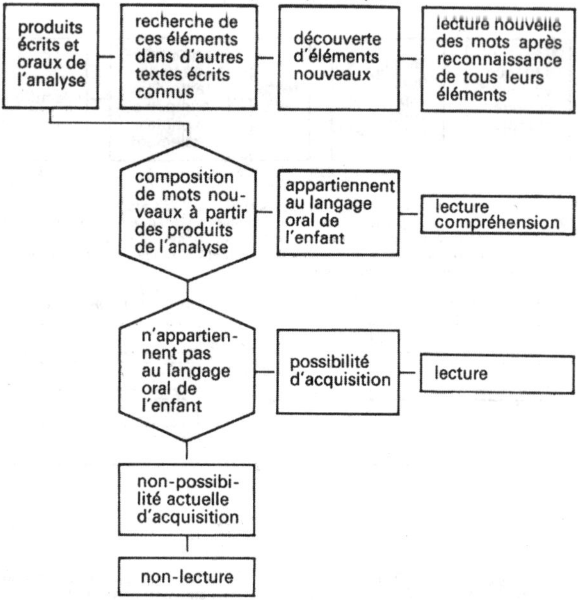

cheurs, le développement de cette conscience phonologique est à mettre en relation avec les résultats de l'apprentissage. P. Lecocq[1] précise bien qu'« un enfant de 5-6 ans doit disposer d'un système minimal de représentation et de traitement des informations phonologiques (SRT) concernant sa langue et que ce système peut être développé et entraîné avant même la période d'apprentissage de la lecture et sans aucun recours à un support écrit... ». Et il n'hésite pas à affirmer (p. 137) : « Le développement en maternelle

1. P. Lecocq, *La lecture,* p. VII.

des connaissances phoniques a un effet causal sur l'apprentissage de la lecture. » La position d'Ehri[1] est différente et très radicale : « ... la conscience phonologique ne se développe vraiment qu'en relation avec l'apprentissage de la lecture, elle n'est en rien une condition déterminante de celui-ci ; de plus ce sont les méthodes inadéquates d'apprentissage de la lecture qui sont responsables des différences interindividuelles dans ce domaine et qui confèrent à celle-ci une valeur prédictive de la réussite. » (Lecocq, p. 157).

Les résultats anciens relatifs à la comparaison des méthodes. — Le Congrès de l'AIPELF de 1966 a essentiellement porté sur cette question ; nous ne donnons ici que quelques-uns des résultats apportés par les chercheurs de l'époque ; il ne s'agit que des résultats relatifs à la qualité de la lecture et à la compréhension des textes.

Rappel de quelques résultats de Genève :

	Classes		
	CE1-A	*CE1-B*	*CE1-C*
Hainaut	N = 16 *m* = 25,3 σ = 2,78	N = 38 *m* = 28,2 σ = 3	N = 20 *m* = 24,1 σ = 3,3
Poule noire	N = 17 *m* = 10,8 σ = 4,6	N = 38 *m* = 12,3 σ = 1,44	N = 21 *m* = 10,4 σ = 3,1
Mots séparés	N = 17 *m* = 84,76 σ = 8,8	N = 38 *m* = 85,4 σ = 8,9	N = 21 *m* = 91,5 σ = 5,2

1. On peut consulter la liste des nombreux articles d'Ehri dans P. Lecocq, p. 175.

Brefs commentaires :

— Les épreuves utilisées ici sont : un test de compréhension de lecture (Hainaut), un test mixte de lecture et de compréhension (La poule noire), un test de déchiffrage (Mots séparés).

— Dans ces trois classes utilisant des méthodes d'apprentissage différentes, on peut dire que les résultats sont voisins. Une analyse statistique ne met pas en évidence de différences significatives (juste à la limite pour le déchiffrage).

— Les deux classes CE1-A et CE1-B utilisent deux méthodes très voisines ; la classe CE1-C a une autre méthode.

— La légère supériorité des classes A et B en compréhension est compensée par une meilleure technique dans la classe C (Mots séparés).

Ces résultats sont en accord avec une recherche un peu plus ancienne[1] ; les auteurs concluaient avec prudence : « 1 / La méthode dite mixte paraît être la méthode la plus satisfaisante ; 2 / La méthode traditionnelle apparaît comme celle donnant les résultats les moins satisfaisants ; 3 / En ce qui concerne la méthode globale, il ne semble pas qu'on puisse lui imputer tous les crimes dont, périodiquement, on la charge : au contraire, elle tient un rang honorable » (p. 57).

Les apports actuels des recherches et, plus particulièrement, des recherches en psychologie cognitive. — A la frontière de la psychologie génétique et de la psychologie de l'éducation, se situent les célèbres travaux d'Emilia Ferreiro[2]. Élève et disciple de Piaget, Ferreiro se réfère aux principes théoriques qui dominent une partie de l'œuvre du grand psychologue genevois : le constructivisme génétique comme

1. L. Merlet et J. Simon, *Essai de mesure du rendement de trois méthodes d'apprentissage de la lecture.*

2. E. Ferreiro, *Vers une théorie génétique de l'apprentissage de la lecture.*

modèle d'apprentissage et le structuralisme comme modèle linguistique. L'auteur met en évidence la non-correspondance des étapes successives de l'apprentissage (résultant de l'évolution psychologique de l'enfant) et des étapes imposées par l'adulte utilisant telle ou telle méthode. Les différences d'évolutions psychologiques devraient correspondre à des apprentissages plus individualisés.

Quelques recherches ont essayé de cerner les effets psychologiques de l'une ou l'autre de ces méthodes (synthétique ou analytique) ; il faut reconnaître que la question est peu explorée et difficile à analyser. L'analyse a porté principalement sur la comparaison entre les processus d'assemblage et sur ceux d'adressage (on sent ici l'influence des concepts informatiques) : « Étant donné la nature des relations entre la chaîne écrite et la parole, on peut concevoir deux manières d'obtenir de l'information sur la prononciation d'un mot écrit. L'une, souvent nommée *adressage*, consiste à chercher un appariement entre une représentation abstraite du stimulus présenté, un mot, et une entrée dans un répertoire orthographique mental, à laquelle les spécificités de prononciation sont associées. L'autre fonction, appelée *assemblage,* consiste à tirer parti des régularités présentes dans tout système d'écriture phonographique entre les éléments de la chaîne écrite et de la chaîne parlée pour *calculer* une *prononciation.* »[1] Les méthodes synthétiques favorisent-elles les processus d'assemblage et les méthodes analytiques ceux d'adressage ? Content et Leybaert essayent de répondre à cette question en utilisant des techniques de reconnaissance de mots écrits. « Dans le courant des années 70, un certain nombre de chercheurs ont essayé de décrire le développement de la lecture sur la base des notions d'adressage et d'assemblage. Plusieurs auteurs ont notamment tenté de rendre

1. A. Content, J. Leybaert, *in* Lecocq, *La lecture,* p. 182.

compte du développement en termes de passage progressif d'une stratégie à l'autre... Néanmoins il ne semble pas possible de caractériser le développement simplement en termes de passage graduel d'une stratégie à l'autre : très tôt après le début de l'apprentissage, le comportement des enfants suggère l'existence des deux fonctions » (p. 183). Le schéma présenté par Uta Frith, selon lequel les enfants passeraient par trois stades principaux caractérisés par l'utilisation prédominante d'une stratégie *logographique, alphabétique, orthographique,* apparaît comme un peu simplificateur. « Selon Frith, la stratégie *logographique* serait basée sur la reconnaissance rapide de caractéristiques visuelles ou graphiques saillantes. Ultérieurement, l'enfant développerait une stratégie *alphabétique* consistant en un décodage séquentiel utilisant les régularités grapho-phonologiques. Enfin, le développement aboutirait à l'utilisation d'une stratégie *orthographique* qui semble, dans la description de Frith, correspondre à la combinaison harmonieuse des fonctions d'assemblage et d'adressage ». De son côté Perfetti[1] compare les effets de l'utilisation systématique d'une méthode de synthèse phonique à ceux d'une méthode globale. Il constate que « la capacité de fusion se trouve hautement corrélée avec les progrès en lecture quand c'est la méthode globale qui est utilisée, mais que cette corrélation n'est pas significative lorsque l'on a recours à la méthode phonique. Le fait que cette activité de fusion soit enseignée dans la méthode phonique alors qu'elle ne l'est pas dans l'autre méthode permet d'expliquer ce phénomène » (Lecocq, p. 157). En fait, l'observation dans les classes montre bien que, selon les moments, selon les textes, selon l'état du lexique mental et les caractéristiques psychiques de l'élève, l'enfant utilise l'une ou l'autre de ces stratégies au cours de l'apprentissage, avec, il est vrai, une prédominance sta-

1. C. A. Perfetti, *Reading ability.*

tistique selon les étapes de l'apprentissage. C'est ici qu'une analyse rigoureuse des conditions pédagogiques générales d'une part, l'étude longitudinale des cas individuels d'autre part, se révèlent riches d'enseignement. Comme l'indiquent les auteurs : « Cela implique que la dynamique des relations entre les deux fonctions (assemblage et adressage) est très complexe » (p. 187). Il faut bien noter que beaucoup de recherches portent sur l'état actuel du développement de l'apprentissage et ne constituent qu'une coupe horizontale de type synchronique ; le plus important, à nos yeux, est d'opérer une étude de type longitudinal, diachronique des cas individuels pour ne pas perdre de vue l'aspect « apprentissage » qui se déroule dans le temps. On notera aussi les dangers de ne travailler que sur des épreuves n'utilisant que des mots. L'unité de pensée, dans la méthode globale, est essentiellement la phrase, phrase qui va donner la signification des éléments qui la composent ; l'enfant est donc habitué à cette dialectique constante de la compréhension de la phrase à la signification des mots. N'utiliser que des mots pour évaluer un état, un résultat, un processus, c'est, en quelque sorte, introduire un biais pour les enfants qui ont appris à lire par des méthodes analytiques. A quel niveau de fiabilité peut-on alors situer les résultats ? Il n'en reste pas moins que ces études, qui devraient être le complément d'études longitudinales, sont d'un grand intérêt pour essayer de comprendre une situation et permettre de faire une interprétation dialectique des résultats statistiques et des résultats individuels.

Un point de vue plus clinique. — Malandain[1] fait justement remarquer que « l'acquisition de l'écrit n'est pas l'acquisition d'une seconde langue, mais remise en ordre de la langue maternelle. Il s'agit pour le sujet moins d'acquérir de nouveaux savoir-faire que de réapprendre ce qu'il croyait savoir, de reprendre

1. Cl. Malandain, *Scolarité et développement de la personnalité.*

possession sur un mode actif et conscient de ce dont il avait acquis la jouissance dans un rapport fusionnel à l'autre. De ce point de vue, l'apprentissage de l'écrit s'inscrit dans un processus de désillusion de l'enfance ». Et l'auteur montre que, par rapport à cette désillusion, les stratégies éducatives divergent : « Les méthodes les plus traditionnelles tendent à accentuer la coupure avec le passé infantile de l'écolier, en présentant l'apprentissage de l'écrit comme une initiation au sens antique du terme, c'est-à-dire comme le début d'une vie nouvelle... En opposition, les méthodes nouvelles d'enseignement de la lecture et de l'écriture tendent à présenter l'apprentissage de la langue écrite comme une extension du pouvoir de signifier plutôt que comme la soumission à un code » (p. 105-106).

Mais d'autres auteurs tempèrent cette position : « Ce sont ces contraintes... liées aux règles et usages d'une culture qui s'appuie largement sur le véhicule de l'écrit qui justifient le recours à un apprentissage systématique, à la différence du langage oral dont l'appropriation par l'enfant, au moins à ses débuts, peut se suffire d'une immersion dans le bain linguistique environnant. Il faut donc se garder d'une assimilation hâtive entre lecture et parole, même si une finalité sociale et communicative, jusqu'à un certain point comparable, peut être concédée à la première. »[1]

Formes nouvelles de lecture. — Nous ne voudrions pas quitter ce chapitre sans signaler un nouveau problème lié à la multiplication des panneaux publicitaires et des textes sur écran d'ordinateur et de télévision. Les panneaux publicitaires posent le problème de la variété des graphies et des dispositions spatiales ; l'enfant doit apprendre à reconnaître toutes les formes graphiques, alors qu'à l'école il n'est en présence que de l'écriture de son enseignant et des caractères (en général assez voi-

1. J.-P. Gate, *Éduquer au sens de l'écrit*, p. 20.

sins les uns des autres) de ses livres scolaires. C'est, à une autre échelle, le problème de l'ordinateur qui doit lire très rapidement un texte (orientation du courrier dans les postes par exemple). Les sous-titres qui apparaissent sur les écrans de télévision exigent, eux aussi, une autre forme rapide de lecture. Savoir lire, c'est, aujourd'hui, être capable de suivre les sous-titres d'un film projeté avec un son en langue étrangère par exemple. L'apprentissage de la lecture rencontre donc, aujourd'hui, de nouvelles modalités, et, il faut bien l'avouer, les recherches psychologiques en ce domaine, sont encore relativement restreintes.

A propos du calcul et des mathématiques

C'est en 1941 que paraît l'ouvrage fondamental *La genèse du nombre chez l'enfant*, de Jean Piaget et Alina Szeminska. Cinquante ans plus tard Jacqueline Bideaud écrira : « C'est en effet la première fois qu'est proposée, à partir d'observations précises, une explication théorique cohérente de la construction du nombre au cours de l'enfance »[1] (p. 13). Depuis plus d'un demi-siècle, les travaux sur cette question se sont multipliés soit pour illustrer, compléter, renforcer les théories piagétiennes, soit pour mettre en évidence leurs limites ou même en faire une critique minutieuse. Les problèmes de la construction du nombre, de ses aspects d'ordinalité, de cardinalité, le développement de la « quantification »[2] ont donné lieu à une telle quantité de travaux qu'il nous paraît impossible de les résumer en quelques lignes ; nous y renvoyons donc le lecteur et nous ne nous contenterons que d'apporter quelques résultats appartenant typique-

1. J. Bideaud, Cl. Meljac, J.-P. Fischer, *Les chemins du nombre*.
2. Voir, en particulier, l'ouvrage de J. Piaget et B. Inhelder, *Le développement des quantités chez l'enfant*, et l'ouvrage de B. Villette, *Le développement de la quantification chez l'enfant. Comparer, transformer et conserver*.

ment à la psychologie de l'éducation, les très intéressants travaux rappelés ci-dessus appartenant, le plus souvent, aux domaines de la psychologie, de la psychologie de l'enfant, de l'épistémologie plus qu'à celui de la psychologie de l'éducation proprement dite. Nous ne citerons que quelques exemples pour illustrer notre position.

Le sens des opérations mathématiques fondamentales : addition, soustraction, multiplication et division. — Dès la fin de la dernière guerre, alors que les travaux récents de Piaget (1941) étaient à peine connus en France, des mathématiciens et des chercheurs se penchaient sur ce problème. Dans un article célèbre dont les remarques et données devaient être reprises immédiatement par G. Mialaret, Bompart, professeur alors à l'EN d'Auteuil, mettait en évidence la discordance entre la progression mathématique (addition, soustraction, multiplication et division) habituelle et l'évolution psychologique de l'enfant, et il insistait sur le fait qu'une opération mathématique précise (la soustraction par exemple) correspondait, dans l'esprit de l'enfant, à des activités psychiques différentes : différence, complément, détermination du plus ou du moins... Ces remarques ont été reprises lors d'une enquête de plus grande envergure en 1950[1] et, presque cinquante ans plus tard, sur un groupe limité d'élèves, cela permettant une comparaison approximative entre les deux générations d'élèves. Ne reprenons que le cas de la soustraction :

Dans le tableau suivant sont indiqués selon les colonnes successives :

- le texte de l'énoncé du problème ;
- le pourcentage d'exactitude de reconnaissance de l'opération à faire ; les problèmes sont classés selon ce critère d'exactitude (1998) ;

1. G. Mialaret, *Recherches préliminaires à la pédagogie du calcul à l'école primaire* et « A 50 ans de distance ».

— les résultats (pourcentages d'exactitude), pour les mêmes problèmes obtenus en 1950 ;
— l'interprétation des différences de résultats[1].

2. J'avais 275 F en partant au marché. J'ai dépensé 34 F. Combien me reste-t-il en rentrant à la maison ?	88,89	86	=
15. Jean rapporte 11 œufs de chez la fermière voisine. En chemin il en casse 3. Combien d'œufs reste-t-il à manger en tout ?	83,33	82	=
3. Il y avait 11 pommes dans le panier à fruits. Il n'en reste maintenant que 8. Combien en a-t-on mangé en tout ?	81,48	64	–
20. Au marché tu avais 275 F dans ton porte-monnaie quand tu l'as laissé tomber par terre. En rentrant à la maison il ne te reste que 188 F. Combien te manque-t-il ?	81,48		
8. Tu avais un crayon de 15 cm de long. Tu en coupes un morceau de 5 cm pour le donner à ton voisin qui n'a pas de crayon. Quelle est, maintenant, la longueur de ton crayon ?	75,92	78	=
22. Ta maman doit payer une facture de 970 F. Le commerçant lui fait une remise de 65 F. Combien doit-elle payer au commerçant ?	64,81	37	–
14. On met, dans un pot en verre, 385 g de confiture. Vide, le pot pèse 82 g. Quel est le poids du pot plein ?	55,55	53	=
10. Pierre a 18 ans et Jean a 12 ans. Combien d'années Pierre a-t-il de plus que Jean ?	55,55	74	+
24. Pierre a 379 F sur son livret de caisse d'épargne. Jacques, son frère, a 257 F sur le sien. Combien Pierre a-t-il de plus que Jacques ?	46,30	37	=
17. Un coureur part pour parcourir 56 km. A 10 heures il est à 25 km du but. Combien de kilomètres a-t-il déjà parcouru ?	44,44	59	+
9. Un tonneau de 225 l de capacité ne contient que 135 l de vin. Combien faut-il verser de litres de vin pour le remplir ?	35,18	47	=
16. Un marchand a acheté 187 F une marchandise. Il l'a revendue 275 F. Combien a-t-il gagné ?	24,07	65	+
4. Le terrain de M. Durand a 45 m de long. Celui de M. Rivaro a 39 m. Combien la longueur du terrain de M. Durand a-t-elle de plus que celle du terrain de M. Rivaro ?	16,67	14	=

A cinquante ans de distance, on est frappé par la similitude des résultats (7 analogues sur 12, 3 supérieurs en 1950, 2 supérieurs en 1998) malgré les diffé-

1. Interprétation qui a été faite à partir des limites de l'intervalle de confiance des pourcentages de 1998.

rences de méthodes pédagogiques, de programmes (programmes allégés actuellement par rapport à ceux de 1950). On retrouve aussi les composantes qui expliquent les résultats. Michel Fayol[1] résume cela en disant : « Les travaux accumulés au cours des dernières décennies ont permis de mettre en évidence l'impact de deux grandes catégories de facteurs sur la plus ou moins grande difficulté des problèmes : facteurs d'ordre conceptuel ou sémantique d'une part ; facteur d'ordre linguistique et rhétorique d'autre part » (p. 259). Nous ajouterons volontiers qu'il y a d'autres facteurs à prendre en considération et nous retrouvons, sur ce point, les analyses de Vergnaud sur la typologie des problèmes en fonction :

— de la grandeur des nombres utilisés ;
— du vocabulaire plus ou moins technique (kilomètres, litres, grammes, remise, épargne...) ; exemple : problèmes n°s 9, 17, 22, 24 ;
— des possibilités de l'enfant de faire appel ou non à son expérience vécue (possibilité d'une représentation mentale de l'opération) ; exemple : problèmes n°s 4, 9, 16, 24 ;
— de la présence de données, pourtant indispensables, mais qui n'entrent pas en jeu pour poser l'opération ; exemple : problème n° 17 (rôle parasite de « 10 heures ») ;
— de l'ordre de présentation des données qui permettent soit une démarche séquentielle directe, soit une prise de distance pour une remise en ordre des données ; exemple : problème n° 16. On peut aussi donner comme exemple le problème suivant qui est difficile pour les enfants : « Jeanne vient de gagner 7 F parce qu'elle a fait des courses pour sa voisine. Elle a maintenant 15 F. Combien avait-elle avant de faire les courses ? » (exemple donné par Vergnaud in *Les chemins du nombre*).

1. M. Fayol, *Les chemins du nombre.*

Et l'on peut s'étonner que, à la fin du CE1, les résultats de 7 problèmes sur 12 portant sur la soustraction n'atteignent pas le seuil de 75 % de réponses exactes. Il est évident que de tels résultats devraient amener les enseignants à réfléchir sur leur progression pédagogique, sur la façon de surmonter les difficultés psychologiques réelles que présentent ces premiers éléments de la science mathématique.

L'appropriation des notions de problème, d'opération, de nombre... est longue et correspond à un processus d'apprentissage dont les enseignants n'ont pas toujours conscience ; il ne suffit pas de « présenter » la notion pour qu'elle soit assimilée. L'appropriation parfaite du « théorème-en-acte » (expression utilisée par Vergnaud) :

$$a + b = c \qquad b + a = c$$
$$c - a = b \qquad c - b = a$$

qui correspond aux 4 relations fondamentales équivalentes ne se fait que très tard ; des élèves du secondaire ont encore, quelquefois, des difficultés à maîtriser parfaitement ce groupe de relations.

Les problèmes de mise en ordre et la démonstration mathématique[1]. — La mise en ordre – « une des idées fondamentales de l'intelligence », dit Lalande – est une activité qui ne se développe que lentement. Depuis longtemps, les travaux de J. Piaget sur la construction du nombre ont bien montré que considérer une quantité comme plus grande qu'une autre et, en même temps, plus petite qu'une autre, constituait une étape dans l'évolution intellectuelle de l'enfant. Au niveau des mathématiques, on peut dire que « démontrer », c'est mettre en ordre des propositions, des affirmations, des résultats pour en arriver à la conclusion. La notion d'ordre est donc importante à

1. G. Mialaret, *L'apprentissage des mathématiques,* Bruxelles, Dessart, 1967, 240 p.

considérer dès que l'on étudie l'activité mathématique de l'enfant ou de l'adolescent.

Rappel d'une observation. Dans une classe, le professeur fait des révisions sur la longueur de la circonférence. Les élèves lancent les deux formules : $L = 2\pi R$, et un autre, « non, c'est πD ». Le professeur, alors, essaye de montrer pourquoi les deux formules sont équivalentes. Et, pour cela, il explicite très clairement le passage :

$$L = 2\pi R = 2.\pi.R$$

et, rappelant ce qu'est la « commutativité » :

$$L = 2.R.\pi = 2.R.\pi.$$

Puisque $2R = D$ on peut donc écrire $L = D.\pi$ et, toujours rappelant les principes fondamentaux de commutativité :

$$L = D.\pi = \pi.D.$$

D'où l'équivalence des deux façons de calculer la longueur de la circonférence. Le professeur a bien insisté sur toutes les étapes en explicitant, à chaque étape, les propriétés utilisées.

Quelques jours après, afin de se rendre compte du degré d'assimilation et de rétention des élèves, le professeur demande aux élèves de bien retracer le chemin qui permet de passer de $L = 2\pi R$ à $L = \pi D$.

Le premier contrôle donne des résultats catastrophiques. On s'aperçoit que la notion d'ordre est étrangère aux élèves : ceux-ci comprennent chacune des étapes en soi, mais le passage de l'une à l'autre leur est étranger. On ne peut s'empêcher d'invoquer « la pensée par îlots » de Henri Wallon dans *Les origines de la pensée chez l'enfant.* Il a fallu plusieurs séances d'exercices pour obtenir un résultat satisfaisant.

Dans le même ordre d'idées, on a demandé aux élèves de cette classe de rappeler, dans l'ordre, les titres des chapitres successifs étudiés (alors que l'accent avait été mis sur l'ordre et la logique de la présentation). Ici encore, les élèves sont étrangers à cette notion d'ordre en mathématiques alors qu'il avait été bien précisé que tel chapitre ne pouvait pas être étudié avant tel autre, pour les raisons liées à la connaissance nécessaire de certaines propriétés pour en démontrer de nouvelles.

La notion d'ordre, essentielle en mathématiques, joue aussi un rôle important dans d'autres disciplines scolaires et, d'une façon plus générale, dans la conduite de la vie individuelle ; les cuisinières en savent quelque chose quand elles préparent un plat selon une recette précise.

Les constructions géométriques et la mise en œuvre de théorèmes mathématiques[1]. — Prenons un exemple simple : la construction de la bissectrice d'un angle. Trop souvent, la solution du problème est présentée à l'élève comme une simple démarche pratique : prendre une ouverture de compas qui sera conservée pendant toute la construction ; à partir du sommet de l'angle, tracer un trait sur chacun des côtés de l'angle. De chacun des points ainsi définis, tracer deux arcs de cercle. Joindre le sommet de l'angle au point de rencontre des deux arcs de cercle ; la droite ainsi définie est la bissectrice de l'angle.

La séquence des actes peut être parfaitement exécutée, la bissectrice parfaitement construite, sans que l'élève ait compris exactement ce que, mathématiquement, il faisait ; et l'on remplace ainsi un processus de réflexion par une activité de pratique aveugle. Une telle construction, malgré son apparente simplicité, fait appel à un grand nombre de capacités de l'élève et de propriétés mathématiques, que l'élève devrait

1. De nouvelles recherches de psychologie de l'éducation seront à entreprendre, dès que nous aurons connaissance des applications pédagogiques contenues dans la récente thèse de Denis Bouhineau, *Construction automatique de figures géométriques et programmation logique avec contraintes* (1998).

être capable, à toutes les étapes de la construction, de rappeler :

activités motrices : manipulation d'un compas : placer une des pointes (celle qui ne contient pas le marqueur) sur un point d'une figure ; manipuler le compas en laissant constante son ouverture, la pointe étant fixe ; tracer, avec l'autre pointe qui contient le marqueur, deux petits arcs de cercle ;

— se rendre compte que l'on construit ainsi un losange (4 côtés égaux) en maintenant constante l'ouverture du compas. Rappeler les propriétés du losange : 2 diagonales perpendiculaires. Ces diagonales (par rappel des propriétés du triangle isocèle) sont bissectrices des angles (elles sont, dans le triangle isocèle, hauteur, médiane, médiatrice, bissectrice) ;
— on peut aussi faire réfléchir les élèves sur les 2 points de rencontre des arcs de cercle : l'un des points est le sommet de l'angle ;
— la droite qui joint le sommet de l'angle au deuxième point de rencontre des arcs de cercle est bien la bissectrice de l'angle.

Dès lors la construction n'est pas la séquence d'actes appris « machinalement » mais un effort constant de réflexion et de rappel de propriétés. Construire ce n'est pas seulement faire, c'est constamment réfléchir.

Tout cela constitue une démarche intellectuelle très féconde et contribue fortement à la formation de l'esprit mathématique ; l'élève « n'apprend pas machinalement à faire les constructions » ; à chaque étape de son activité psychomotrice est lié un raisonnement qui la justifie.

A propos de l'histoire

Cette question de la mise en ordre de données ou de nombres (ici de dates) se retrouve dans le domaine de l'enseignement de l'histoire. A une étape de son initiation, l'élève doit être capable de situer les événements les uns par rapport aux autres ; la chronologie s'impose. Depuis longtemps on sait les difficultés que rencontrent les élèves pour mettre en ordre des événements indiqués par leur date d'existence (et nous laissons de côté les dates avant J.-C. avec leurs valeurs négatives !).

Enquête menée par Roger Gal sur cette question :

« Écrire le nom de ces hommes dans l'ordre historique, sachant que :

Attila a vécu en Hongrie en 450.

Philippe II a vécu en Espagne en 1570.

Néron a vécu en Italie en 60. »

Les résultats exacts, selon l'âge, sont donnés dans le tableau suivant :

Age	*8 ans*	*9 ans*	*10 ans*	*11 ans*	*12 ans*
% réussite	19	48	56	82	85

Ce n'est donc, selon ces résultats, qu'après 10 ans que les enfants peuvent utiliser correctement les repères chronologiques que représentent les dates historiques.

Pour essayer d'aider l'enfant dans la construction des séquences temporelles, O. Decroly avait introduit l'idée de « frise des temps ».

L'éducateur colle, le long des murs de la classe, une longue bande de papier sur laquelle se trouve une échelle des temps. Au cours de leur initiation à l'histoire, les élèves vont situer les événements sur cette frise, à leur place.

Quelques problèmes psychologiques se posent alors parce que la solution apportée à un problème soulève d'autres difficultés qu'il ne faut pas négliger :

— Confusion, pour les élèves, de l'espace et du temps. Qu'en dirait Bergson ? Mais il faut reconnaître que les élèves habitués à ce genre d'exercice arrivent plus vite que ceux qui ne le font pas, à mieux situer, d'une façon relative, les événements les uns par rapport aux autres.

— Introduction d'une erreur de perception de l'existence des événements historiques : de 0 à 800 ou 1500, la frise restera presque vierge. A partir de 1500 et surtout aux environs des XVIIe, XIXe et XXe siècles, la frise sera surchargée. Si l'on se fixe l'échelle de 1 m par siècle, 15 à 16 m seront presque blancs et les 4-5 derniers mètres seront presque noirs. Il ne faut pas que les enfants en tirent la conséquence qu'il ne s'est rien passé pendant les périodes « blanches » de la frise !

Autre exemple de recherche : épreuve du test mosaïque de Gilles[1]. — On demande de mettre en ordre les images suivantes (voir ci-contre).

Les résultats montrent bien les difficultés que rencontrent les enfants, jusqu'à 10 ans environ, pour répondre correctement à ces questions.

Apprentissage du récit historique et conceptualisation[2]. — A partir d'une conception de l'histoire[3], le chercheur analyse comment les élèves d'une classe de CM1 construisent eux-mêmes (à partir des documents qui leur sont distribués) leur récit sur l' « objet » historique : la Renaissance, et comment ils se construisent un concept de la Renaissance.

L'expérience a été la suivante : on a distribué aux élèves des documents sur la Renaissance et deux livres qui présentaient deux points de vue différents sur cette période historique : l'un mettait l'accent sur les aspects

1. Voir R. Gille, « Les documents de base : le questionnaire et le test "Mosaïque" », in *Le niveau intellectuel des enfants d'âge scolaire*.

2. Y. H. Lim, *Apprentissage du récit historique*.

3. Nous rappelons que le rôle de la psychologie de l'éducation n'est pas de dire comment il faut faire, mais d'analyser les aspects psychologiques des actions éducatives. Nous ne prenons donc pas position sur le choix fait par l'éducateur d'une conception historique ; nous voulons simplement montrer comment on peut étudier les composantes psychologiques de la situation. Ce qui ne veut pas dire que l'éducateur ne puisse pas, ensuite et sous sa responsabilité, modifier son action éducative en fonction des résultats obtenus par l'analyse psychologique.

Exemple
50
51

artistiques, l'autre sur le fait que la Renaissance était une période historique particulière. Les élèves devaient donc construire un récit historique, l'objectif étant de faire prendre conscience aux élèves que « l'histoire est une mise en intrigue construite par l'historien » (p. 130). L'auteur résume les résultats de deux façons : l'une par une vue générale de l'évolution, l'autre par une analyse plus quantitative des récits :

Représentation fondamentale partagée par la majorité des élèves au départ : l'histoire est un résumé du réel ; l'histoire est la vérité.	*Représentation fondamentale partagée par la majorité des élèves à la fin :* l'histoire n'est plus un résumé du réel mais soit un résumé des documents choisis par l'idée de l'historien soit une reconstruction par l'historien à partir des documents qu'il a choisis en suivant son idée ; toutefois l'histoire est toujours la vérité.

L'analyse des récits a permis à l'auteur de classer les réponses de la façon suivante :

Niveaux	*Critères de classification*	*Nombre d'élèves*
Niveau 1	Exemple fragmentaire + ensemble de propositions comportant les informations relatives ou non à la Renaissance et n'entretenant entre elles aucune relation.	2
Niveau 2	Exemple fragmentaire + suite de propositions toutes relatives au thème de la Renaissance.	7
Niveau 3	Exemple avec explication + suite de propositions toutes relatives à la Renaissance + relation causale courte et unique.	8
Niveau 4	Résumé + suite de propositions toutes relatives à la Renaissance + relations causales multiples.	6

A la suite de toutes ses analyses, l'auteur déduit que les deux questions essentielles qui se posent aujourd'hui à l'enseignement de l'histoire : apprentissage conceptuel et production de récit, se réconcilient et que la compréhension et la production de la mise en intrigue sont un moyen pour la compréhension en histoire. Il ne s'agit donc pas de déverser des flots de connaissances historiques sur les élèves, mais de faire entrer ceux-ci dans le jeu d'élaboration de l'histoire.

Chapitre VI

PSYCHOLOGIE DE L'ÉVALUATION SCOLAIRE

L'évaluation, la notation scolaire, les corrections de tous genres tiennent, dans les occupations des enseignants et dans l'esprit des élèves et des parents, une place très importante. Nous laisserons de côté, ici, tous les aspects docimologiques de la question[1] pour ne nous intéresser qu'aux aspects qui relèvent de la psychologie de l'éducation.

Les problèmes psychologiques de l'évaluation peuvent être étudiés par rapport :

— aux enseignants qui évaluent ;
— aux élèves qui sont évalués ;
— aux parents pour lesquels l'évaluation de l'enseignant est un des moyens d'établir une communication avec lui ;
— aux administrateurs de l'établissement, qui croient avoir, par ce biais, une idée de ce que fait le professeur ;
— à la communauté en général, qui, grâce aux évaluations, va établir des classements aussi bien des professeurs que des établissements (voir les évaluations des lycées en fonction des résultats au baccalauréat).

1. On pourra consulter, à ce sujet, G. Mialaret, *Pédagogie générale*, chap. B6.

Nous ne considérerons que les problèmes psychologiques liés aux évaluateurs et aux évalués, les recherches dans les autres domaines n'étant, à notre connaissance, que peu développées.

Bref rappel des formes de l'évaluation

1 / L'évaluation peut être intimement liée au processus d'apprentissage et être un des éléments de l'action éducative. C'est dans ce sens que l'on retrouve l'expression utilisée par Scriven en 1967 : l'*évaluation formative*.

2 / L'évaluation peut être tournée vers la connaissance de l'individu : nous avons parlé, dans ce cas, de l'*évaluation diagnostique*.

3 / L'évaluation peut devenir *pronostique* dans les cas d'orientation scolaire ou professionnelle par exemple.

4 / Les formes classiques d'évaluation utilisées dans les contrôles, les compositions, les examens... constituent la classe des *évaluations sommatives*.

Il est évident que ces quatre formes d'évaluation ne mettent pas en jeu les mêmes processus psychologiques, ni chez l'évaluateur, ni chez l'évalué.

On distingue aussi, ce qui a des conséquences sur la psychologie de l'évalué, les formes de l'évaluation sommative : l'*évaluation continue* et l'*évaluation terminale*.

Rôle de l'évaluation dans la relation éducative

Si la note brute donnée par l'enseignant fait partie de l'arsenal pédagogique, son rôle éducatif n'est pas toujours mis en évidence. Les fonctions éducatives de l'évaluation sont intéressantes à considérer afin de voir comment les relations personnelles entre l'enseignant et l'élève peuvent dépendre, en partie, de cette évaluation.

La note vue par l'élève. — L'élève voit la note comme un jugement qui traduit l'idée que se fait l'enseignant du travail de l'élève et, au-delà, de l'élève lui-même. Elle est donc un des éléments de la relation psychologique professeur-élève[1]. C'est un des aspects généraux de la fonction de l'évaluation. La note encourage ou décourage (voir ci-après l'effet Pygmalion) l'élève ; elle est un des éléments de sa motivation scolaire.

L'évaluation dans le processus d'apprentissage. — L'évaluation et la connaissance des résultats : depuis longtemps les psychologues de l'apprentissage ont mis en évidence le fait que la connaissance des résultats est un facteur positif de l'apprentissage ; c'est un des avantages de l'ordinateur qui, immédiatement, informe le sujet de ses résultats. Le fait d'évaluer, au cours d'un exercice ou d'un processus d'apprentissage et d'informer le sujet sur ses performances permet au sujet de se situer par rapport à l'objectif qu'il s'est fixé.

— L'évaluation « béquille » : c'est le nom que nous avons donné à cette modalité de l'évaluation formative qui n'est pas une note mais qui informe constamment le sujet sur ses résultats, sur ses erreurs et le type d'erreurs, sur ses oublis. Si, dans certaines situations, il est bon de laisser l'élève aller jusqu'au bout de son travail et de ne procéder qu'à ce moment à une évaluation, dans d'autres situations il est bon d'éviter et de corriger les erreurs commises afin de ne pas les fixer dans la mémoire de l'élève. Tout cela dépend de la situation.

— L'évaluation et l'analyse du travail, aspects diagnostics : une correction ne consiste pas seulement à relever les aspects positifs et les aspects négatifs pour

1. Voir G. Mialaret, *Comment augmenter l'objectivité des examens et des concours.*

en tirer une note : elle consiste aussi à analyser les erreurs et à essayer de rechercher les causes de ces erreurs afin de trouver les moyens pédagogiques de les éviter ultérieurement. C'est là une fonction essentielle de l'enseignant, qui doit savoir analyser les démarches psychologiques de l'élève afin de reconstituer les parcours erronés.

— L'évaluation comme objectif à atteindre. Les psychologues parlent du « niveau d'aspiration » ; c'est dans ce sens que l'évaluation peut jouer un rôle dans le processus d'apprentissage : l'élève peut se fixer lui-même l'objectif à atteindre et l'évaluation lui indique dans quelle mesure l'objectif choisi est ou non atteint.

L'effet Pygmalion (ou Rosenthal). — Dans cette perspective on peut évoquer ce que l'on appelle l' « effet Pygmalion ». Sans entrer dans la discussion des résultats des expériences menées par Rosenthal et Jacobson[1], indiquons brièvement en quoi consiste cet effet : « La prédiction faite par un individu A sur un individu B finit par se réaliser, que ce soit seulement dans l'esprit de A, ou – par un processus subtil et parfois inattendu – par une modification du comportement réel de B sous la pression des attentes de A. » En fait, si l'enseignant fait confiance à l'élève, s'il le considère comme un bon élève, celui-ci le deviendra. Sans reprendre tous les éléments de l'argumentation de Rosenthal et Jacobson, on peut affirmer – mais les vérifications expérimentales sont difficiles étant donné le nombre très important de paramètres qui entrent en jeu dans la modification des comportements – qu'une attitude positive du professeur vis-à-vis de l'élève est, en général, un élément positif de l'évolution de celui-ci, et que, à l'inverse, un jugement *a priori* négatif sur l'élève

1. R. Rosenthal, L. Jacobson, *Pygmalion à l'école.*

conduit celui-ci à ne pas donner le maximum de ce qu'il pourrait donner (à moins, dans certains cas, du contraire, l'élève désirant relever le défi). Tout cela pour dire que l'idée que se fait le professeur de la valeur de l'élève est un des éléments importants de son évaluation.

L'interrogation orale

L'interrogation orale individuelle devant toute la classe pose trois séries de problèmes : celui de la relation personnelle de l'élève à l'enseignant, celui de l'élève à l'ensemble des autres élèves, celui des relations de l'enseignant avec sa classe prise dans sa totalité.

— La relation directe, proche ou à distance, de l'élève avec l'enseignant relève, tout d'abord, de tous les problèmes que pose la rencontre de deux personnalités. Puis le contenu de la relation est en rapport avec le contenu de l'interrogation : contrôle de connaissances, problème (au sens général du terme) à résoudre, exposé sur un sujet choisi par l'élève... Tous les aspects de la personnalité des acteurs sont en jeu, allant du désir de plaire jusqu'aux relations agressives et d'opposition. Les conditions générales de l'interrogation orale individuelle dépendent aussi de la situation générale : en classe ou le jour de l'examen, interrogation habituelle ou interrogation surprise, interrogation en présence de tiers étrangers à la classe...

— L'interrogation d'un élève seul devant l'ensemble des autres élèves de la classe met celui-ci dans une situation qui peut provoquer des réactions allant du blocage et du mutisme à l'exhibitionnisme aussi bien verbal que corporel. L'élève est appelé à jouer un rôle très particulier devant le groupe quand il est en situation d'interrogé.

— L'interrogation prend aussi une coloration

particulière en fonction des relations générales qu'entretient l'enseignant avec sa classe : ou bien l'interrogation fait partie du processus normal et elle est vécue comme un des moments de l'apprentissage, ou bien l'interrogation est perçue par les élèves comme un « interrogatoire », et l'atmosphère est très différente.

La psychologie de l'évaluateur

Si les travaux sur les aspects docimologiques de la notation[1] ont été assez nombreux, les aspects psychologiques de cette activité scolaire n'ont été que peu étudiés[2]. L'ouvrage de Noizet et Caverni reste encore un des classiques en ce domaine[3]. Examinons la situation du correcteur de copies.

Le correcteur de copies est un être de chair qui réagit avec toute sa personnalité, son passé, ses expériences de tous ordres. Ce qui explique, en partie, la non-concordance des notes attribuées à une même copie. En nous inspirant des travaux de Noizet et Caverni, nous avons adapté le modèle du fonctionnement psychique du correcteur. Plusieurs facteurs principaux entrent en jeu, et nous verrons comment les deux auteurs cités ont essayé d'étudier expérimentalement leurs influences respectives.

Facteurs liés à la personnalité du correcteur. Sa personnalité : sévère, indulgente, attachée aux détails ou s'intéressant davantage aux aspects généraux de la copie, essayant ou non de comprendre les démarches de l'élève...

1. Voir les ouvrages consacrés à la docimologie tels que H. Piéron, *Examens et docimologie,* et A. Bonboir, *La docimologie.*

2. Une des premières recherches publiées nous paraît être celle de J. Guillaumin, *L'aspect interpersonnel de la notation scolaire : de la docimologie à la doxologie pédagogique.*

3. G. Noizet et J.-P. Caverni, *Psychologie de l'évaluation scolaire.*

— Son niveau de formation académique. Un haut niveau académique pouvant avoir des effets inverses : une très grande exigence, une relative indulgence, une acceptation de la faiblesse des élèves...

— Une expérience pédagogique : ceux qui ont eu à enseigner les notions qui sont utilisées dans les copies savent ce qui a pu être fait... ou ce qu'ils ont fait eux-mêmes dans leurs classes ; leur jugement est souvent fonction de cette expérience personnelle ; et l'on sait, au niveau supérieur par exemple, que le fait d'avoir travaillé avec tel ou tel patron vous handicape ou non au moment des concours.

— Son expérience de correcteur : les jeunes correcteurs sont, statistiquement parlant, plus exigeants que ceux qui ont déjà une certaine expérience.

— L'idée qu'il se fait des élèves qui ont rédigé les copies.

Cette question a été très bien étudiée expérimentalement par Noizet et Caverni ; ces chercheurs ont fait corriger des paquets de copies appartenant à des groupes d'élèves venant d'établissements différents et de renommées différentes. Les résultats sont éloquents (Noizet et Caverni, p. 86) :

	Copies présentées comme ayant été rédigées par des élèves de type 1	*Copies présentées comme ayant été rédigées par des élèves de type 3*
Copies effectivement rédigées par des élèves de type 1	10,19	8,13
Copies effectivement rédigées par des élèves de type 3	10,72	9,28

Sont indiquées, dans le tableau, les moyennes attribuées par le professeur correcteur. On ne peut nier l'effet « connaissance du type d'élèves ».

Correction d'une série de copies : le correcteur se fait une idée de la copie « parfaite » (celle qu'il aurait rédigée !) et une idée de la copie attendue, en fonction du sujet proposé et des élèves qui ont composé (voir ci-après les facteurs secondaires de l'évaluation).

Les facteurs liés au sujet à traiter : quelle que soit la discipline scolaire on sait parfaitement que, sur la même question inscrite au programme, on peut donner des sujets de difficultés différentes. Le correcteur « normal » tient compte de ce facteur et adapte ses exigences selon le niveau de difficulté qu'il estime pour tel ou tel sujet.

Les facteurs secondaires (mais qui n'en sont pas moins importants) :

— qui a proposé le sujet : le correcteur ou un autre collègue ? Dans une classe, le professeur donne lui-même le sujet de la composition ; il sait, et les élèves doivent savoir, ce qu'il faut répondre. La correction se fait en fonction de cette expérience commune. Le jour de l'examen, le sujet est inconnu du correcteur et celui-ci doit se faire une idée de la copie attendue (voir ci-dessus) ; mais si cela est relativement facile dans les disciplines dites « scientifiques », cela peut présenter quelques difficultés quand il s'agit de littérature, de philosophie, de politique ;

— l'ordre de présentation : tous les correcteurs savent que l'on ne corrige pas de la même façon les 15 premières copies d'un paquet de 50 comme on corrige les 15 dernières. Sur ce point toutes les recherches sont d'accord, et la moyenne des

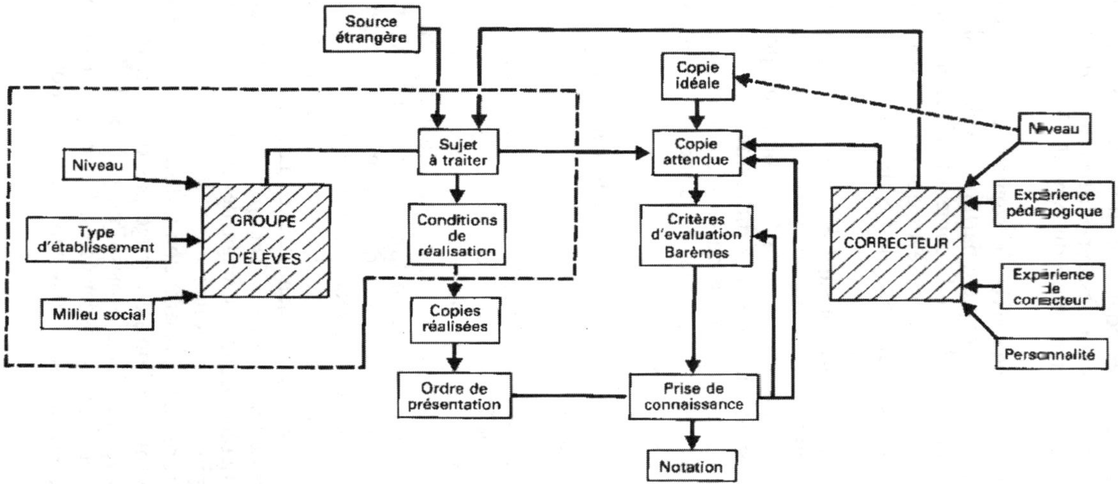

Schéma général de l'évaluation-notation

15 premières copies est, en général, différente de celle des 15 dernières ;
— le barème adopté : si celui-ci est imposé, le correcteur l'applique plus ou moins consciemment correctement, selon qu'il est d'accord ou non avec lui. (Nous laissons de côté les effets néfastes de mauvais barèmes qui modifient sensiblement la note que mériterait une copie avec un autre barème[1]).

La correction d'une série de copies est donc une opération extrêmement complexe ; elle met en jeu un très grand nombre de processus psychologiques. Les correcteurs n'ont pas toujours conscience de cette complexité et attachent à la note qu'ils attribuent à une copie une valeur presque absolue, alors que l'on sait, après toutes les analyses psychologiques du processus de notation, que la valeur d'une note est très relative.

Représentation que se font de la note les professeurs, les élèves et les parents

L'INRP a entrepris une recherche sur ce thème dans 120 établissements. Voici quelques résultats résumés :

— Les professeurs, dans leur ensemble, estiment que seule la note intéresse les élèves, qu'elle a plutôt des effets bénéfiques et que sans les notes les élèves ne travailleraient ni autant, ni de la même façon. Par ailleurs, les principaux arguments présentés par les professeurs qui justifient leur attachement à la note vont dans le même sens que l'importance accordée par les parents et par les élèves aux notes : effets motivants des notes sur les élèves.

— 48,3 % des élèves attachent plus d'importance à la note, 28,9 % font attention surtout à l'appréciation générale et 22,2 % aux remarques et aux annotations.

1. Voir, à ce sujet, G. Mialaret, *Nouvelle pédagogie scientifique*, p. 51.

Il est intéressant de savoir quels sont les effets des notes sur les élèves ; le tableau suivant indique les résultats :

	1er cycle	*2e cycle*	*G*	*F*
Vous inquiètent pour votre orientation	67,9	73,3	70,6	69,1
Vous découragent	52,1	57,3	48,1	58,4
Vous alertent et vous incitent à travailler	49,8	41,5	51,5	43,3
Vous invitent à refaire les exercices	46,3	7,5	43,4	43,4
Vous angoissent	29,3	32,9	30,0	31,0
Vous vous désintéressez de cette matière	25,6	26,5	24,8	26,8
Vous bloquent	16,0	15,7	15,5	16,2
Ne vous touchent pas	3,2	4,2	4,7	2,7

Ce tableau mérite réflexion sur les effets psychologiques de la notation : découragement, angoisse, désintérêt pour la matière, alors que la note devrait être un élément positif de l'apprentissage.

BIBLIOGRAPHIE

Ouvrages et articles cités

Altet (M.), *La formation professionnelle des enseignants. Analyse des pratiques et situations pédagogiques,* Paris, PUF, coll. « Pédagogie d'aujourd'hui », 1994, 264 p.

Aumont (B.), et Mesnier (P.-M.), *L'acte d'apprendre,* Paris, PUF, coll. « Pédagogie d'aujourd'hui », 1992, 2e éd., 1996, 302 p.

Baudrit (A.), *Apprendre à deux. Études psychosociales de situations dyadiques,* Paris, PUF, coll. « L'Éducateur », 1997, 158 p.

Baudrit (A.), *Tuteur : une place, des fonctions, un métier,* Paris, PUF, coll. « L'Éducateur », 1999.

Bideaud (J.), Meljac (C.), Fischer (J.-P.), *Les chemins du nombre,* Lille, PUL, 1991, 492 p., coll. « Psychologie cognitive ».

Bonboir (A.), *La docimologie,* Paris, PUF, coll. « L'Éducateur », 1972, 194 p.

Bouchet (H.), *L'individualisation de l'enseignement. L'individualité des enfants et son rôle dans l'éducation,* Paris, Alcan, 1933, rééd. PUF, 1948, 277 p.

Bourcet (C.), Valorisation et dévalorisation de soi en milieu scolaire : pour une approche psychopédagogique humaniste, *L'orientation scolaire et professionnelle,* septembre 1997, vol. 26, n° 3, p. 315-333.

Cifali (M.), *Le lien éducatif : contre-jour psychanalytique,* Paris, PUF, coll. « L'Éducateur », 1994, 2e éd., 1996, 298 p.

Clanche (P.), Debarbieux (E.), Testaniere (J.), *La pédagogie Freinet. Mises à jour et perspectives,* Bordeaux, PUB, 1994, 448 p.

Cohen (R.) (sous la dir. de), *Quand l'ordinateur parle,* Paris, PUF, coll. « L'Éducateur », 1992, 244 p.

Cousinet (R.), *Une méthode de travail libre par groupes,* Paris, Éditions du Cerf, 1945, 107 p.

Crahay (M.), *Psychologie de l'éducation,* Paris, PUF, coll. « Premier cycle », 1999, 384 p.

Decroly (O.), *La fonction de globalisation et l'enseignement,* Bruxelles, Lamertin, 1929, 94 p.

Demangeon (M.), Étude de l'anxiété en milieu scolaire chez des enfants de 10 à 12 ans, *Binop,* 1966, 22, 89-127.

Dottrens (R.), *Le progrès à l'école : sélection des élèves ou changement des méthodes ?,* Neuchâtel, Delachaux & Niestlé, 1936, 188 p.

Dottrens (R.), *L'enseignement individualisé,* Neuchâtel, Delachaux & Niestlé, 1947, 198 p.

Dottrens (R.), et Margairaz (E.), *L'apprentissage de la lecture par la méthode globale,* Neuchâtel, Delachaux & Niestlé, 1951, 116 p.
Drevillon (J.), *Pratiques éducatives et développement de la pensée opératoire,* Paris, PUF, coll. « Pédagogie d'aujourd'hui », 1980, 360 p.
Ferrière (Ad.), *L'école active,* Neuchâtel, Delachaux & Niestlé, 1920, 5e éd., 1947, 214 p.
Ferreiro (E.), Vers une théorie génétique de l'apprentissage de la lecture in *Revue de psychologie,* n° 36-2, 1977, p. 109-130.
Fijalkow (J.), *Mauvais lecteurs, pourquoi ?,* Paris, PUF, coll. « Pédagogie d'aujourd'hui », 1990, 3e éd., 1996, 276 p.
Foucambert (J.), *La manière d'être lecteur. Apprentissage et enseignement de la lecture de la maternelle au CM2,* Paris, Sermap/Hatier, 1976, 128 p.
Foulin (J.-N.), Mouchon (S.), *Psychologie de l'éducation,* Paris, Nathan, 1998, 128 p.
Freinet (C.), *Pédagogie Freinet, une méthode naturelle de lecture,* Casterman, 1980.
Gate (J.-P.), *Éduquer au sens de l'écrit,* Paris, Nathan, 1998, 192 p.
George (C.), *Apprendre par l'action,* Paris, PUF, coll. « Psychologie d'aujourd'hui », 1983, 236 p.
Georges (C.), Richard (J.-F.), Contributions récentes de la psychologie de l'apprentissage à la pédagogie, in *Revue française de pédagogie,* n° 58, janvier-février-mars 1982, p. 67-91.
Gille (R.), Les documents de base : le questionnaire et le test « Mosaïque », in *Le niveau intellectuel des enfants d'âge scolaire,* Paris, PUF, 1950, cahier n° 13, p. 71-284.
Gilly (M.), *Maîtres-élèves. Rôles institutionnels et représentations,* Paris, PUF, coll. « Pédagogie d'aujourd'hui », 1980, 300 p.
Grimont (A.) (sous la dir. de), *Apprendre avec le multimédia. Où en est-on ?,* Paris, Retz, 1997, 220 p.
Guillaumin (J.), L'aspect interpersonnel de la notation scolaire : de la docimologie à la doxologie scolaire, *« Docimologie et éducation », Les sciences de l'éducation. Pour l'ère nouvelle,* n° 2-3, avril-septembre 1969.
Heuyer (G.), Piéron (H.), Sauvy (A.), *Le niveau intellectuel des enfants d'âge scolaire. Une enquête nationale dans l'enseignement primaire,* Paris, PUF, 1950, 284 p.
Higelé (P.), *Construire le raisonnement chez les enfants. Analyse critique des exercices,* Paris, Retz, 1997, 192 p.
Husson (R.), Mécanismes cérébraux du langage oral, de la lecture et de l'écriture, *Cahiers du Collège de médecine,* nos 1 et 2, Expansion scientifique, 1967.
Imbert (F.) (sous la dir. de), et le Groupe de recherche en pédagogie institutionnelle, *L'inconscient dans la classe,* Paris, ESF, coll. « Pédagogies », 1996, 210 p.
James (W.), *Causeries pédagogiques* (traduction française de L.-S. Pidoux), Paris, Payot, 1948, 160 p.
Lim (Y.-H.), Apprentissage du récit historique et conceptualisation en histoire, in *L'Année de la recherche en sciences de l'éducation,* 1997, p. 121-144.
Lecoq (P.) (sous la dir. de), *La lecture. Processus, apprentissage, troubles,* Lille, PUL, 1992, 266 p.

Lobrot (M.), *La pédagogie institutionnelle,* Paris, Gauthier-Villars, 1966, 281 p.

Magnin (P.), *Des rythmes de vie aux rythmes scolaires,* Paris, PUF, coll. « Politique d'aujourd'hui », 1993, 272 p.

Malandain (C.), *Scolarité et développement de la scolarité,* Rouen, Publications de l'Université de Rouen, n° 224, 2e éd., 1997, 228 p.

Manco (A.), Climats d'école : mesure et déterminants de l'ambiance dans les établissements secondaires en Belgique francophone, in *L'orientation scolaire et professionnelle*, 1996, 25, n° 4, p. 507-529.

Marquet (P.), Enseigner le maniement de traitement de texte par analogie avec les ancêtres techniques. Effets sur l'efficience immédiate et les conceptions d'utilisateurs débutants, *L'Année de la recherche en sciences de l'éducation,* 1996, p. 213-247.

Medici (A.), *L'école et l'enfant,* Paris, PUF, coll. « Sup », 1955, 2e éd., 1971, 140 p.

Merlet (L.), et Simon (J.), Essai de mesure du rendement de trois méthodes d'apprentissage de la lecture, *Société Binet et Simon,* 1959, n° 447-448, p. 42-66.

Mialaret (G.), *Nouvelle pédagogie scientifique,* Paris, PUF, coll. « Nouvelle encyclopédie pédagogique », 1954, 124 p.

Mialaret (G.), Comment augmenter l'objectivité des examens et des concours, *Revue internationale de pédagogie,* Hambourg, vol. IV, 1958, n° 3.

Mialaret (G.), *Psychopédagogie des moyens audiovisuels dans l'enseignement du premier degré.* Paris, UNESCO/PUF, 1964, 232 p. (trad. anglaise, espagnole, italienne).

Mialaret (G.), Psychologie expérimentale de la lecture, de l'écriture et du dessin, *in* Fraisse (P.) et Piaget (J.), *Traité de psychologie expérimentale,* t. VIII, *Langage, communication et décision,* Paris, PUF, 1965, 2e éd., 1972, p. 155-238.

Mialaret (G.), *L'apprentissage de la lecture,* Paris, PUF, coll. « L'Éducateur », 1966, 3e éd., 1975, 133 p. (trad. espagnole, italienne, portugaise).

Mialaret (G.), *L'apprentissage des mathématiques,* Bruxelles, Ch. Dessart, 1967, 240 p. (trad. espagnole).

Mialaret (G.), *Les sciences de l'éducation,* Paris, PUF, coll. « Que sais-je ? », n° 1645, 1976, 7e éd., 1996 (trad. portugaise, espagnole, japonaise, italienne, arabe, hongroise, grecque).

Mialaret (G.), Lecture, écriture et mathématiques, *L'Univers de la psychologie,* Paris, Éditions Lidis, t. 5, 1978, p. 264-283.

Mialaret (G.) (sous la dir. de), *Vocabulaire de l'éducation,* Paris, PUF, 1979, 466 p.

Mialaret (G.), *La psychopédagogie,* Paris, PUF, coll. « Que sais-je ? », n° 2357, 1987, 4e éd., 1998, 128 p.

Mialaret (G.), *Pédagogie générale,* Paris, PUF, coll. « Fondamental », 1991, 598 p.

Mialaret (G.) et Malandain (C.), Étude de la reconstitution d'un récit chez l'enfant à partir d'un film fixe, in *Enfance,* mars-avril 1962, p. 169-190.

Mialaret (G.) et Meliès (M.-G.), Expériences sur la compréhension du langage cinématographique par l'enfant, *Revue internationale de filmologie,* vol. 5, n° 18-19, 1954, p. 39-54.

Ministère de l'Éducation nationale, Jeunesse et Sports, mission des psychologues scolaires, circulaire n° 90-083 du 10 avril 1990.
Montagner (H.), Restoin (A.), de Roquedeuil (G.), Djakovic (M.), Les fluctuations des rythmes biologiques, des comportements et de l'activité intellectuelle de l'enfant dans ses différents environnements, in *Pédiatrie,* 1992, n° 47, p. 85-104.
Noizet (G.), Apprentissage et pratique de la lecture à l'école, *Actes du Colloque de Paris, 13-14 juin 1979,* 1980, p. 67.
Noizet (G.), et Caverni (J.-P.), *Psychologie de l'évaluation scolaire,* PUF, coll. « Pédagogie d'aujourd'hui », 1978, 232 p.
Perfetti (C. A.), *Reading ability,* New York, Oxford University Press, 1985.
Piaget (J.), *La formation du symbole chez l'enfant,* Neuchâtel, Delachaux & Niestlé, 1945.
Piaget (J.), Fondements scientifiques pour l'éducation de demain, *Éducation et développement,* n° 82, janvier 1973, p. 6-22.
Piaget (J.) et Inhelder (B.), *Le développement des quantités chez l'enfant,* Neuchâtel, Delachaux & Niestlé, 1941, 344 p.
Piaget (J.), Inhelder (B.), *La représentation de l'espace chez l'enfant,* Paris, PUF, 1948, 2e éd., 1972.
Piaget (J.), et Szeminska (A.), *La genèse du nombre chez l'enfant,* Neuchâtel, Delachaux & Niestlé, 1941, 308 p.
Piéron (H.), *Examens et docimologie,* Paris, PUF, coll. « Le Psychologue », 1963, 190 p.
Pierret (M.), Lemoine (C.), Aide à la lecture en première année d'école primaire : fluidité et attention focalisée, *Psychologie et éducation,* n° 31, décembre 1997, p. 23-36.
Postic (M.), *La relation éducative,* Paris, PUF, coll. « Pédagogie d'aujourd'hui », 1979, 7e éd., 1996, 308 p.
Richard (J.-F.), *Les activités mentales. Comprendre, raisonner, trouver des solutions,* Paris, Colin, 1990.
Rosenthal (R.), Jacobson (L.), *Pygmalion à l'école,* Paris, Casterman, 1968.
Sprenger-Charolles (L.), Casalis (S.), *Lire. Lecture et écriture : acquisition et troubles du développement,* Paris, PUF, coll. « Psychologie et sciences de la pensée », 1996, 258 p.
Testu (F.), *Chronopsychologie et rythmes scolaires,* Paris, Masson, 1991, 120 p.
Vergnaud (G.), Concepts et schèmes dans une théorie opératoire de la représentation, *Psychologie française, Les représentations,* t. 34, nos 3-4, novembre 1985, p. 245-252.
Vergnaud (G.), Questions vives de la psychologie du développement, *Bulletin de psychologie,* t. XLII, n° 390, p. 450-457.
Vergnaud (G.), Psychologie cognitive et éducation : un enjeu scientifique et social, *Dialogue,* GFEN, p. 20-26.
Vilette (B.), *Le développement de la quantification chez l'enfant. Comparer, transformer et conserver.* Lille, PU de Septentrion, 1996, 322 p.
Wallon (H.), *De l'acte à la pensée,* Paris, Flammarion, 1952, 5e éd., 1972, 254 p.
Wallon (H.), *Les origines de la pensée chez l'enfant,* Paris, PUF, 1945, 2 t.
Weil-Barais (A.), *L'homme cognitif,* Paris, PUF, coll. « Premier cycle », 1993, 5e éd., 1999, 616 p.

Zazzo (B.), *Psychologie différentielle de l'adolescence,* Paris, PUF, coll. « Psychologie d'aujourd'hui », 1972, 382 p.
Zazzo (B.), *Un grand passage de l'école maternelle à l'école élémentaire,* Paris, PUF, 1978, 224 p.
Zazzo (R.), Une expérience sur la compréhension du film, *Revue internationale de filmologie,* vol. 2, 1951, p. 159-170.

TABLE DES MATIÈRES

Imprimé en France
Imprimerie des Presses Universitaires de France
73, avenue Ronsard, 41100 Vendôme
Août 1999 — N° 46 278